Vivre les Maths

CE2
CYCLE 3

Programmes 2002

Sous la direction de
Louis Corrieu
Inspecteur général honoraire de l'Éducation Nationale

Jacqueline Jardy
Professeur des écoles, maître formateur

Jacky Jardy
Directeur d'école d'application

Sonia Fayette
Professeur des écoles, maître formateur

Loïc Rouy
Professeur à l'IUFM de Limoges

Avec la participation de
Marie-Paule Trichard
Institutrice

Mon nom :

....

....

Nathan

Sommaire

- Numération
- Géométrie
- Mesure
- Problèmes
- Point-étape ; Récréation
- Bilan

ISBN : 2.09.120858-2

Pour bien utiliser le fichier

Le fichier est organisé en 5 périodes de couleurs différentes (**période 1**, **période 2**, **période 3**, **période 4**, **période 5**).

À mi-période, le Point-étape construit autour de petits QCM permet une rapide auto-évaluation, tandis que la Récréation offre un temps de respiration.

En fin de période, un bilan plus complet est proposé.

Chaque fiche est formée de 2 pages et présente différentes activités sur la notion abordée en respectant la démarche d'apprentissage.

Activité préparatoire
Elle est développée dans le livre du maître et présente souvent un aspect complémentaire.

Problèmes
d'application ou nécessitant le réinvestissement de plusieurs connaissances.

Calcul mental « classique » ou sous forme de problèmes
D'autres exemples sont proposés dans le livre du maître.

Recherche
Dans cet exercice, l'élève découvre la notion de la fiche. Les formes de travail sont variables et l'élève peut toujours utiliser son cahier de recherche.

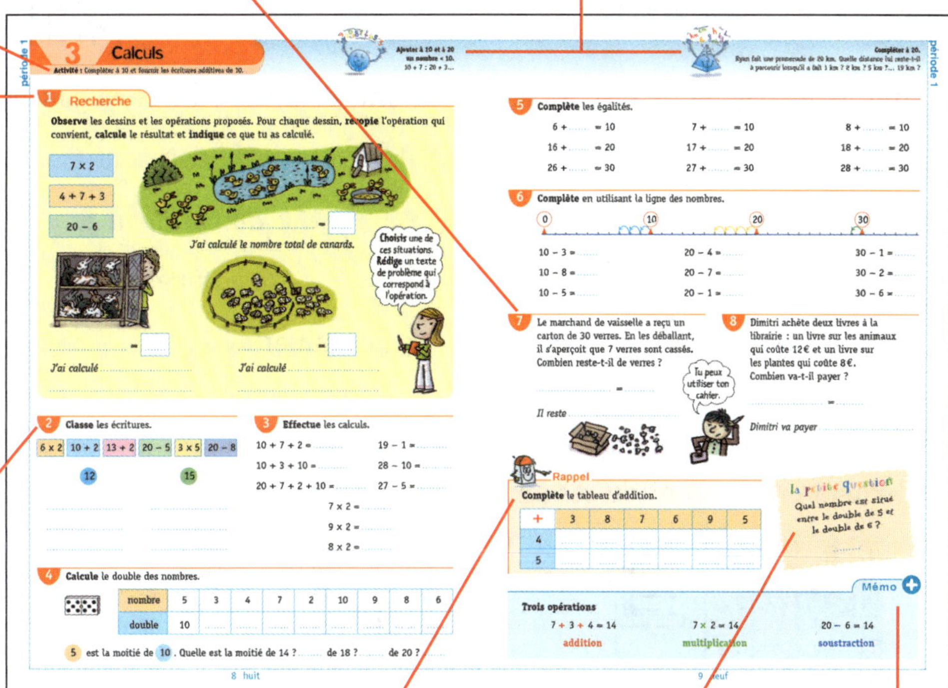

Exercices d'application
en relation avec la notion abordée dans la Recherche.

Rappel
pour consolider les apprentissages

La petite question
Elle fait appel à la réflexion et à l'observation.

Mémo +
L'essentiel à retenir sur la notion de cette séance.

Activité +
Une activité de prolongement, de recherche à faire en dehors du fichier.
Cette activité remplace le Mémo + dans certaines fiches.

1 Se repérer dans l'école

Activité : Observer l'école et restituer la disposition d'ensemble.

Ajouter 2 ou enlever 2 à un nombre ≤ 20.
16 – 2 ; 16 + 2…

1 Recherche

Observe le dessin.

Complète les phrases avec les mots : devant, derrière, en face, à gauche, à droite.

Le portail est .... *du bâtiment C.*

Le préau est .... *du bâtiment B.*

Le banc est .... *le bâtiment A.*

Écris d'autres phrases avec ces mots sur ton cahier.

2 Dans la cour, Aïcha, Hugo et Marie prennent des photos.
Qui a pris chacune de ces photos ? **Écris** le prénom qui convient sous la photo.

Photo 1 : ....

Photo 2 : ....

Photo 3 : ....

3 **Lis** ce que disent les enfants.

Repère la fenêtre de la classe de CE2 sur le dessin du **1**. **Écris** oui ou non.

Y a-t-il des fleurs sur le rebord de la fenêtre ? ....

La fenêtre est-elle ouverte ? ....

Ajouter 5 à un nombre < 20.
Quel âge auront ces enfants dans 5 ans ?
Luc a 10 ans, Noémie a 4 ans…

4 Voici le plan de l'école. **Écris** les lettres A, B, C et D sur les bâtiments.

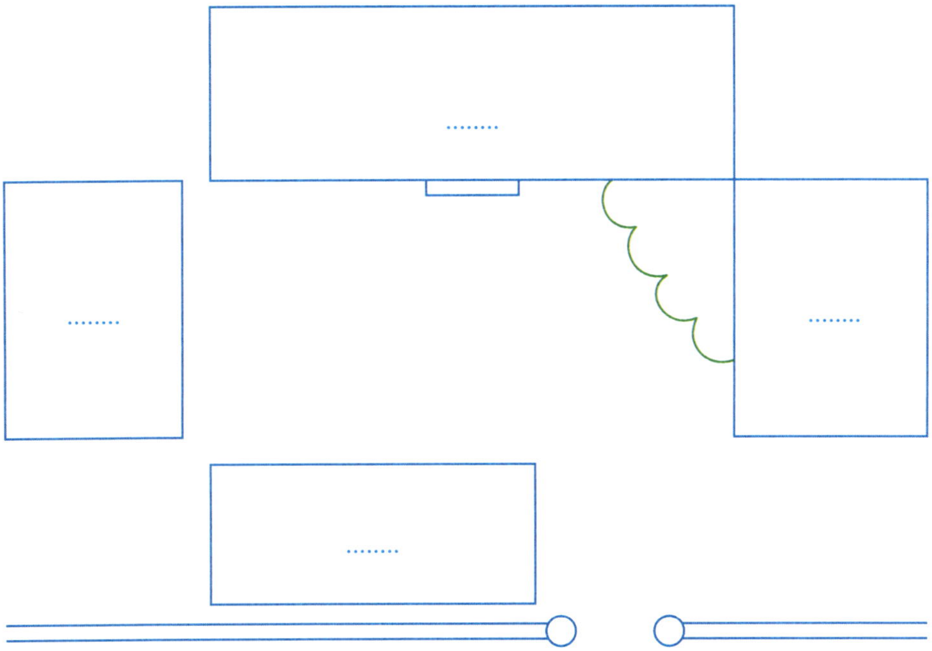

Sur le plan, **représente** :

l'arbre :

le banc :

le portail :

les ballons :

5 **Colorie** les pions qui sont alignés avec les deux pions rouges.

Rappel

Reproduis la figure.

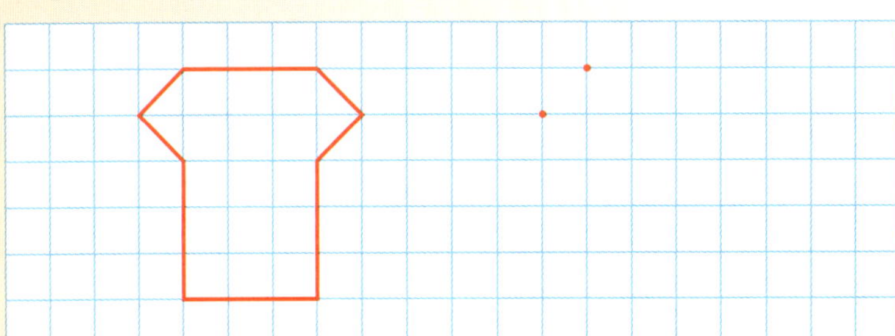

Activité +

Représente toutes les tables des élèves de ta classe en respectant leur disposition.
Place aussi le bureau.
Indique ta table avec une croix.

2 Nombres de 0 à 30

Activité : Travailler sur la suite des nombres de 0 à 30.

Compléter à 10 ou enlever de 10.
7 + … = 10 ; 10 − 7 = …

1 Recherche

SEPTEMBRE

◯ 1	◯ 11	◯ 21
◯ 2	◯ 12	◯ 22
◯ 3	◯ 13	◯ 23
◯ 4	◯ 14	◯ 24
◯ 5	◯ 15	◯ 25
◯ 6	◯ 16	◯ 26
◯ 7	◯ 17	◯ 27
◯ 8	◯ 18	◯ 28
◯ 9	◯ 19	◯ 29
◯ 10	◯ 20	◯ 30

Lis les nombres sur ce calendrier.
Réponds aux questions.

Combien y a-t-il de jours en septembre ?

……………………………………………………

Complète le calendrier du mois de septembre de cette année en écrivant les jours en face des numéros.

L : lundi *Ma : mardi* *Me : mercredi*
J : jeudi *V : vendredi* *S : samedi*
D : dimanche

Combien y a-t-il de dimanches en septembre cette année ? ……………………………

Trouve le nombre de journées de classe en septembre pour cette année. ………………

En n'utilisant que des nombres, **écris** la date d'aujourd'hui ……… / ……… / 20………
jour mois année

2 Écris en lettres.

0 zéro 1 2 3 4
5 6 7 8 9

3 Écris en chiffres.

douze : ……… quinze : ……… onze : ……… quatorze : ………
treize : ……… dix-sept : ……… seize : ……… dix-huit : ………

4 Écris les nombres cachés.

9	10	……

18	……	20	21

29	……	……	32

Compléter une dizaine à un nombre < à la dizaine suivante.
Agathe a 20 €. Combien lui manque-t-il pour acheter une montre à 24 € ? 28 € ?...

5 **Indique**, dans le tableau, le numéro de la case de chaque dessin.

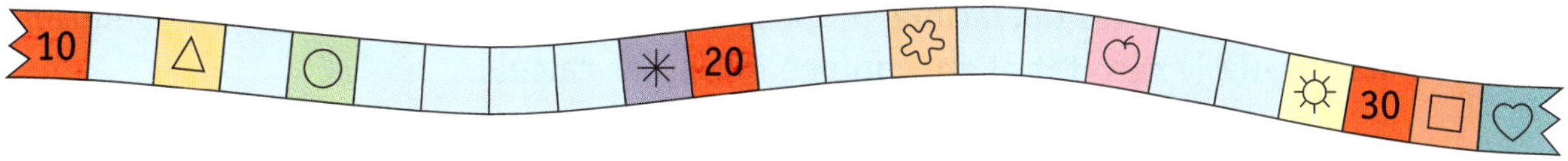

○	✳	✿	♡	△	♁	☼	□
....	....	....	....	....	....	....	....

6 **Complète** les suites de 2 en 2.

2	4	6	....	....	....	....	16	....	20	....	24
1	3	5	....	....	11	....	....	....	19	....	23

7 **Effectue** les calculs en regroupant les nombres qui ont pour somme 10.

3 + 1 + 7 = ...

7 + 5 + 5 = ...

8 + 6 + 2 = ...

1 + 4 + 9 = ...

3 + 6 + 4 = ...

8 **Calcule.**

10 + 7 = ...
10 + 3 = ...
20 + 6 = ...
5 + 20 = ...
30 + 4 = ...

19 − 10 = ...
18 − 8 = ...
27 − 7 = ...
26 − 20 = ...
30 − 10 = ...

Rappel

Complète le tableau d'addition.

+	8	7	9	6	5
2	....	....	....	....	....
3	....	....	....	....	....

la petite question

Je suis le double de 10.
Qui suis-je ?

....

Mémo

11 onze	12 douze	13 treize	14 quatorze	15 quinze
16 seize	17 dix-sept	18 dix-huit	19 dix-neuf	20 vingt

3 Calculs

Activité : Compléter à 10 et fournir les écritures additives de 10.

Ajouter à 10 et à 20 un nombre < 10.
10 + 7 ; 20 + 3...

1 Recherche

Observe les dessins et les opérations proposés. Pour chaque dessin, **recopie** l'opération qui convient, **calcule** le résultat et **indique** ce que tu as calculé.

7 × 2

4 + 7 + 3

20 – 6

.... = ...

J'ai calculé le nombre total de canards.

.... = ...

J'ai calculé ....

....

.... = ...

J'ai calculé ....

....

2 **Classe** les écritures.

6 × 2	10 + 2	13 + 2	20 – 5	3 × 5	20 – 8

12	15
....	....
....	....
....	....

3 **Effectue** les calculs.

10 + 7 + 2 = ...

10 + 3 + 10 = ...

20 + 7 + 2 + 10 = ...

19 – 1 = ...

28 – 10 = ...

27 – 5 = ...

7 × 2 = ...

9 × 2 = ...

8 × 2 = ...

4 **Calcule** le double des nombres.

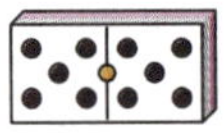

nombre	5	3	4	7	2	10	9	8	6
double	10	....	....	....	....	....	....	....	....

5 est la moitié de 10. Quelle est la moitié de 14 ? .... de 18 ? .... de 20 ? ....

Compléter à 20.
Ryan fait une promenade de 20 km. Quelle distance lui reste-t-il à parcourir lorsqu'il a fait 1 km ? 2 km ? 5 km ?… 19 km ?

5 **Complète** les égalités.

6 + ……. = 10 | 7 + ……. = 10 | 8 + ……. = 10

16 + ……. = 20 | 17 + ……. = 20 | 18 + ……. = 20

26 + ……. = 30 | 27 + ……. = 30 | 28 + ……. = 30

6 **Complète** en utilisant la ligne des nombres.

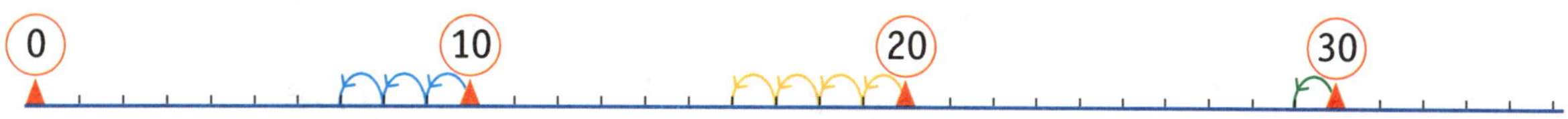

10 − 3 = ……. | 20 − 4 = ……. | 30 − 1 = …….

10 − 8 = ……. | 20 − 7 = ……. | 30 − 2 = …….

10 − 5 = ……. | 20 − 1 = ……. | 30 − 6 = …….

7 Le marchand de vaisselle a reçu un carton de 30 verres. En les déballant, il s'aperçoit que 7 verres sont cassés. Combien reste-t-il de verres ?

……………………… = ………

Il reste ……………………………………

8 Dimitri achète deux livres à la librairie : un livre sur les animaux qui coûte 12 € et un livre sur les plantes qui coûte 8 €. Combien va-t-il payer ?

……………………… = ………

Dimitri va payer ……………………………

Rappel

Complète le tableau d'addition.

+	3	8	7	6	9	5
4	…….	…….	…….	…….	…….	…….
5	…….	…….	…….	…….	…….	…….

la petite question

Quel nombre est situé entre le double de 5 et le double de 6 ?

………

Mémo

Trois opérations

7 + 3 + 4 = 14 — **addition**

7 x 2 = 14 — **multiplication**

20 − 6 = 14 — **soustraction**

4 Nombres à deux chiffres

Activité : Utiliser les doigts comme compteur pour dénombrer une collection.

Réviser la table d'addition sur des sommes < 15.
2 + 5 ; 3 + 7 ; 7 + 7...

1 Recherche

Rachid et Lucas ont ramassé des châtaignes. Ils ont fait des paquets de 10 pour les compter.
Fais comme eux et **écris** le nombre trouvé dans le tableau.

d	u
.	.

Qui a fait une erreur ?

....

Voici les réponses de Rachid et de Lucas.

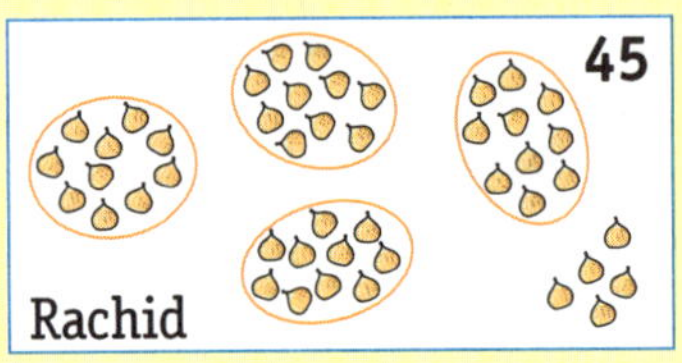

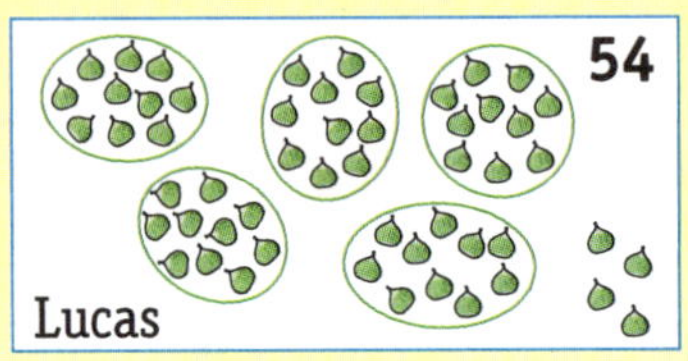

Explique son erreur. ....

....

....

2 **Complète** le tableau.

....	10 + 10 + 10 + 10 + 10 + 4	5 dizaines et 4 unités
49	....	.... dizaines et .... unités
38	....	.... dizaines et .... unités
....	10 + 10 + 10 + 10 + 10 + 10 + 10 + 5	.... dizaines et .... unités

3 **Complète** les collections.

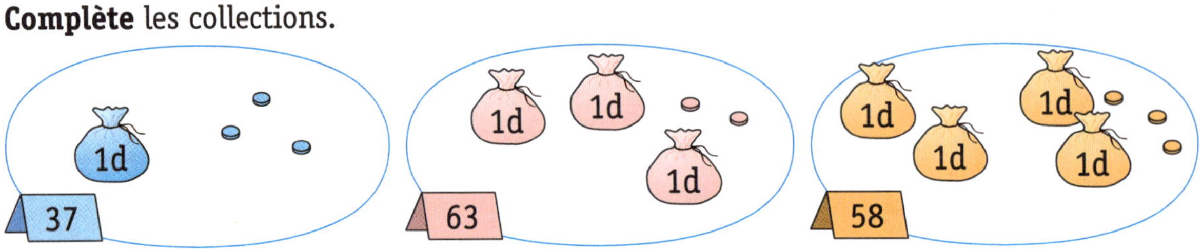

4 **Écris** en chiffres.

trente	quarante	cinquante	soixante	soixante-dix	quatre-vingts	quatre-vingt-dix
......	......	......	......	......	......	......

Réviser la table d'addition jusqu'à 15.
Un pion avance sur la piste des nombres. Où arrive-t-il s'il part de 4 et avance de 5 ? s'il part de 9 et avance de 4 ?...

5 **Écris** les nombres en chiffres puis en lettres.

6 dizaines + 3 unités = 63 = soixante-trois

8 dizaines + 4 unités = ... = ...

7 dizaines + 2 unités = ... = ...

9 dizaines + 8 unités = ... = ...

6 **Complète** les égalités.

20 + 6 = ...
30 + 7 = ...
40 + 9 = ...
30 + 2 = ...
.... + ... = 24

10 + 10 + 6 = ...
10 + 10 + 10 + 7 = ...
10 + 10 + 10 + 10 + 9 = ...
10 + 10 + 10 + 2 = ...
.... + ... + ... = 24

(10 x 2) + 6 = ...
(10 x 3) + 7 = ...
(10 x 4) + 9 = ...
(10 x 3) + 2 = ...
(....... x ....) + ... = 24

7 Sur l'étagère de fournitures de la classe, il y a 8 piles de 10 cahiers plus 9 cahiers. Quel est le nombre de cahiers ?

Utilise ton cahier de recherche.

....

Sur l'étagère, il y a ....

8 Un club de football dispose de 57 € pour acheter des ballons. Un ballon coûte 10 €. Combien peut-il acheter de ballons ?

....

Le club peut acheter ....

Rappel

Effectue les additions.

```
  4 6      5 4      4 7      1 0 3
+ 2 3    + 3 3    + 4 2    + 1 6 5
-----    -----    -----    -------
  . .      . .      . .      . . .
```

la petite question

Quel est le score obtenu ?

....

Mémo

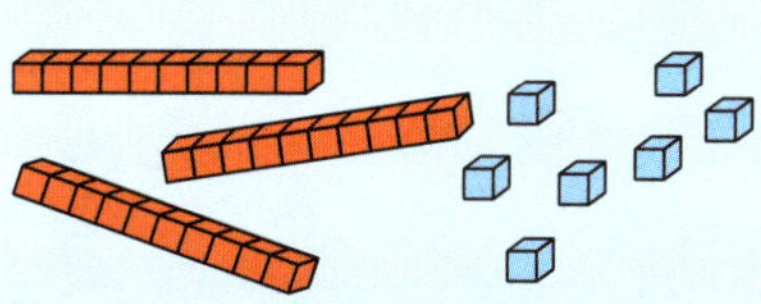

3 paquets de 10 et 7 cubes

d	u
3	7

37 = 3 dizaines et 7 unités

37 = 30 + 7

37 = 10 + 10 + 10 + 7

37 = (10 x 3) + 7

5 Mesurer des longueurs

Activité : Reporter la longueur d'un objet avec un instrument.

Réviser la table d'addition.
3 + 6 ; 7 + 4 ; 8 + 8...

1 Recherche

Compare les longueurs des deux chemins : reporte les segments en les plaçant bout à bout.

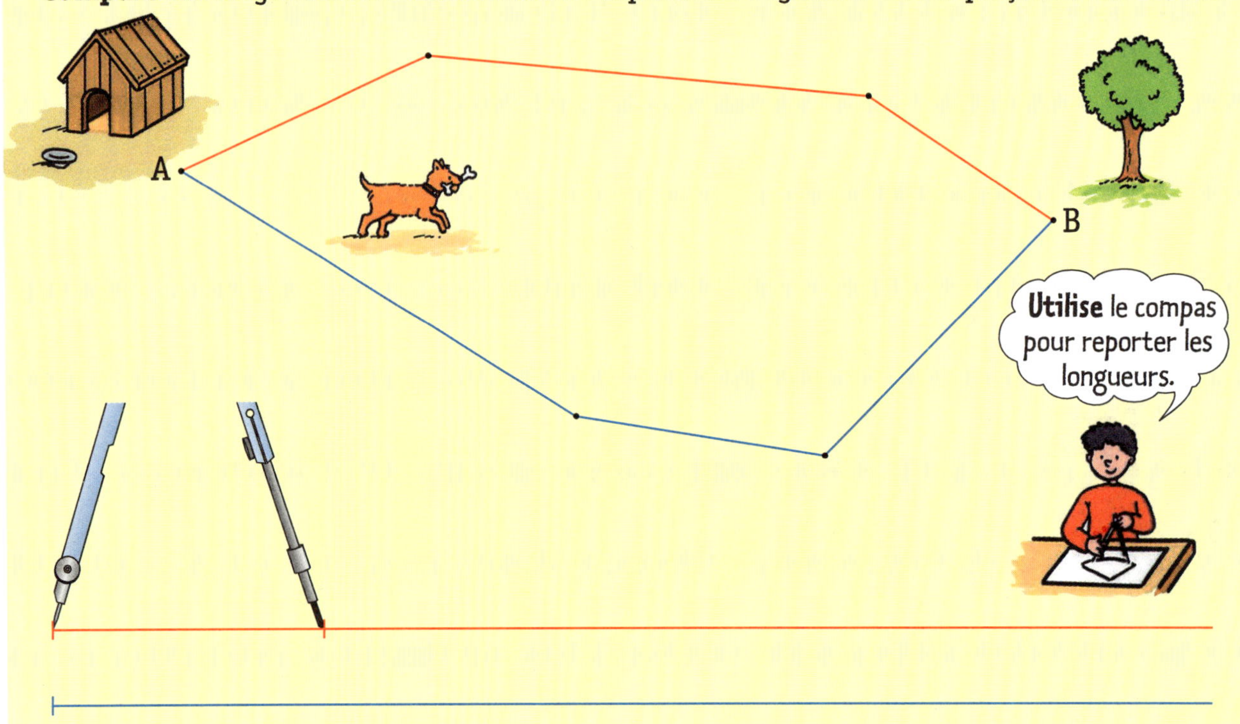

Quel est le chemin le plus long ? ....

2

Classe ces segments en regroupant ceux qui ont la même longueur.

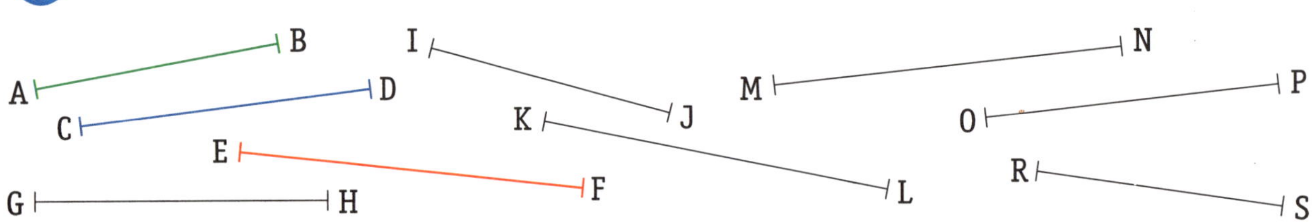

AB - .... -	CD - .... -	EF - .... - ....

3

Réponds à la question. Le point M est-il à la même distance de E que de F ? ....

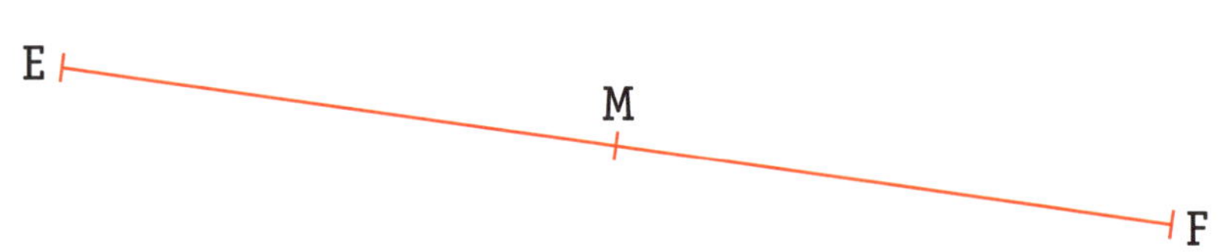

Complète : *Le point M est le* ***milieu*** *du segment* ....

Réviser la table d'addition jusqu'à 15 par les compléments.
Un pion se déplace sur la piste des nombres. De combien avance-t-il s'il passe de 5 à 8 ? de 9 à 11 ? de 7 à 14 ?...

période 1

4 **Indique** la longueur des trois lignes en centimètres.

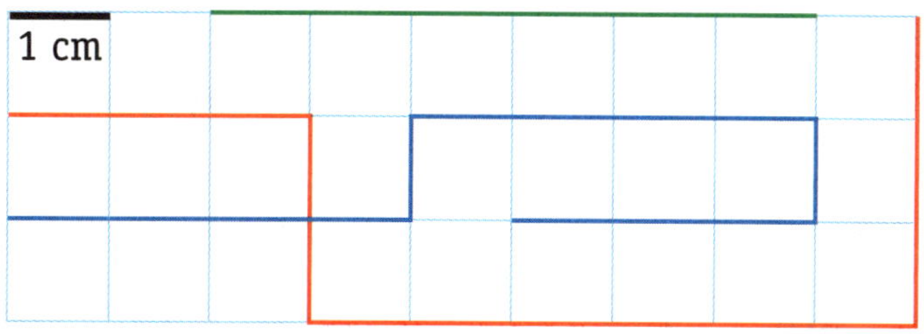

ligne verte : ....

ligne bleue : ....

ligne rouge : ....

5 **Complète** les phrases.

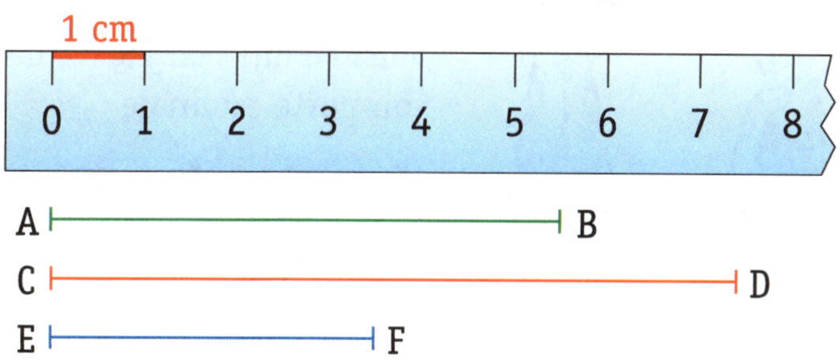

La longueur de AB est comprise entre .... *cm et* .... *cm.*

La longueur de CD est comprise

....

La longueur de EF est comprise

....

6 À partir du point D, **construis** un triangle DEF qui aura des côtés de même longueur que ceux du triangle ABC. **Vérifie** que ces deux triangles sont superposables.

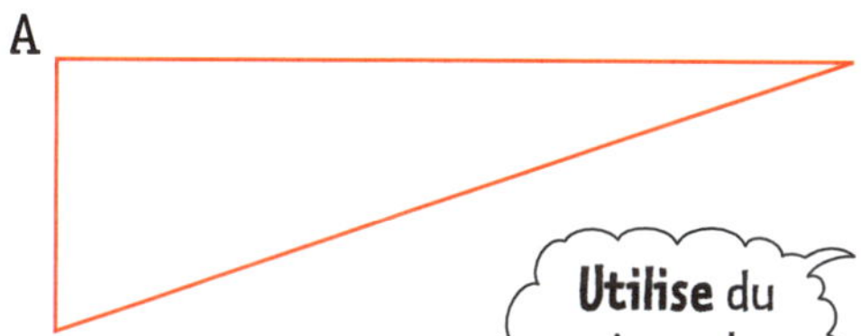

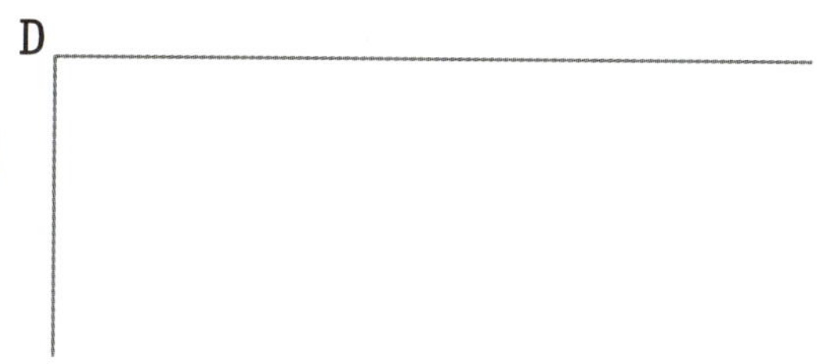

Rappel

Range ces segments du plus court au plus long.

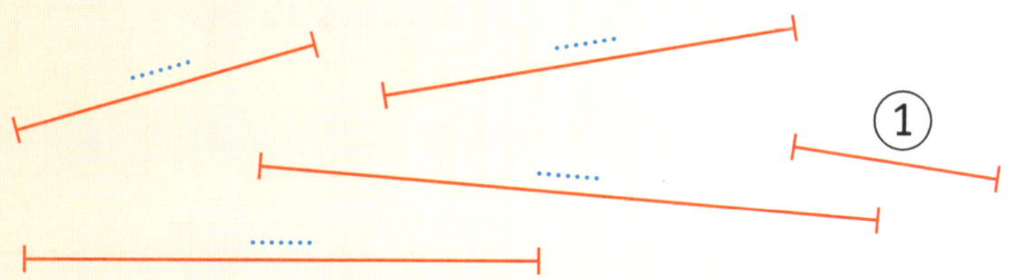

la petite question

Quel segment mesure 4 cm ?

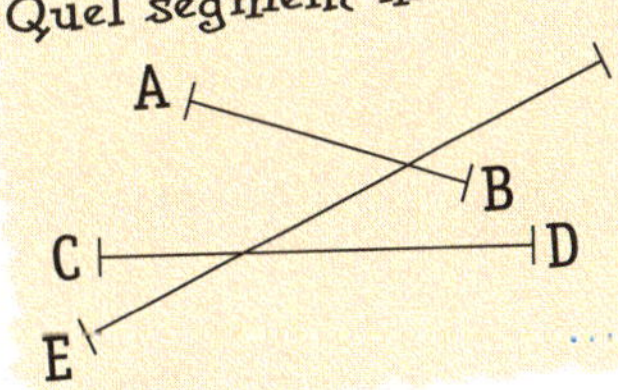

....

Activité +

Pour chaque segment, **dessine** un segment qui mesure le double.

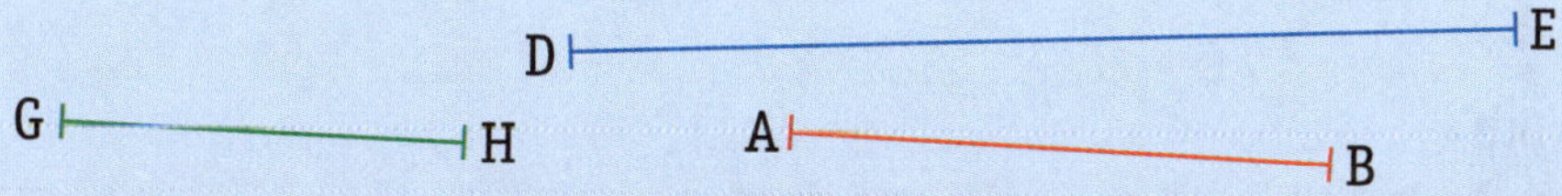

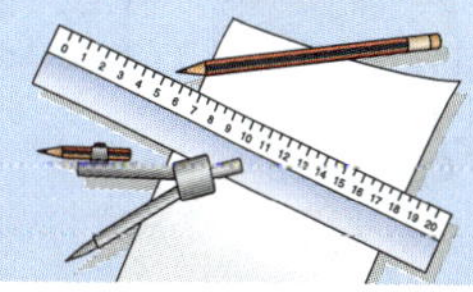

6 Comparer des nombres

Activité : Apprendre à situer un nombre dans la suite numérique.

Ajouter 10 ou enlever 10 à un nombre à deux chiffres.
35 + 10 ; 35 − 10…

1 Recherche

Compare les prix des différents objets.

calculatrice 12 €

dictionnaire 15 €

trousse 7 €

stylo 4 €

cartable 38 €

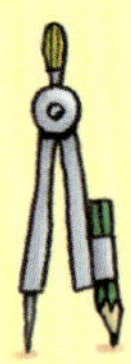
compas 7 € 50

globe 24 €

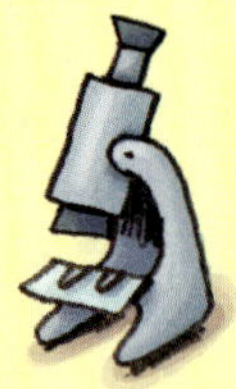
microscope 175 €

Des signes pour comparer

24 > 15
24 est **plus grand** que 15

15 < 24
15 est **plus petit** que 24

Voici ce que Margaux a dans son porte-monnaie :

Peut-elle acheter le dictionnaire, la trousse et la calculatrice ? **oui** **non**

Explique ta réponse.

....

2

Compare les nombres. **Utilise** les signes plus grand > ou plus petit <.

7 15   38 24   36 40

15 12   38 175   175 100

3

Range les nombres dans l'ordre croissant (du plus petit au plus grand).

25 16 86 68 61 131

....

4

Range les prix dans l'ordre décroissant (du plus grand au plus petit).

24 €

15 €

7 € 50

7 €

....

Enlever de 10 ou de 20.
Safia a 20 €. Que lui reste-t-il si elle fait un achat de 8 € ? de 15 € ?...

5 **Place** les nombres dans les étiquettes.

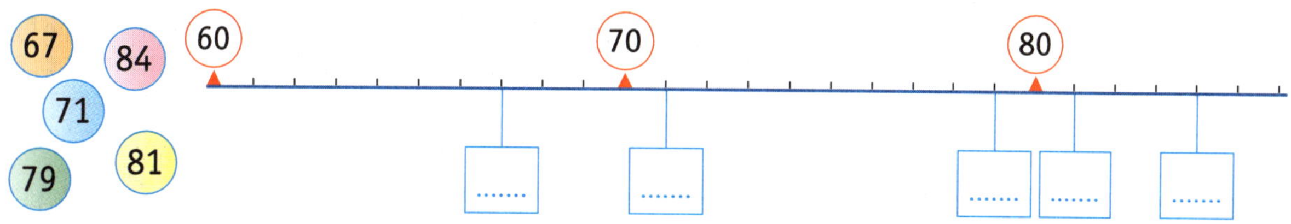

6 Où se situent les nombres ? **Complète** les phrases.

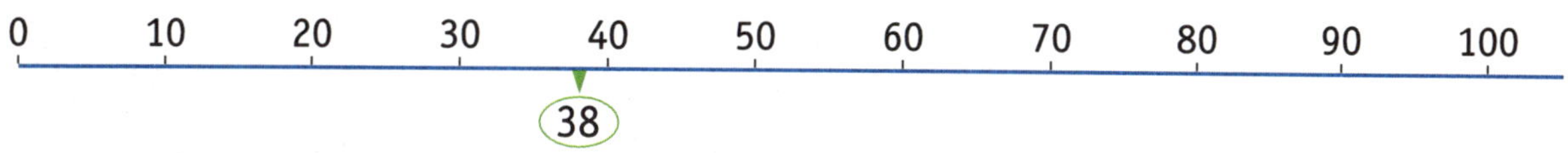

38 est compris entre 30 et 40.

54 est compris entre ....

78 est compris entre ....

99 est compris entre ....

7 **Compare** les sommes en utilisant les signes <, > ou =.

25 + 10 .... 30 + 5

60 + 15 .... 70 + 6

80 + 11 .... 90 + 1

40 + 56 .... 50 + 36

28 + 42 .... 42 + 28

7 + 13 + 20 .... 10 + 20 + 9

8 Il y a 23 élèves dans une classe de CE2. La maîtresse veut distribuer 2 cahiers par élève. Elle a un paquet de 50 cahiers. Est-ce suffisant ? ....
Explique ta réponse.

....

....

Utilise ton cahier de recherche.

Rappel

Calcule.

8 + 5 = ...   13 − 5 = ...   13 − 8 = ...

9 + 4 = ...   13 − 4 = ...   13 − 9 = ...

7 + 6 = ...   13 − 6 = ...   13 − 7 = ...

la petite question

Quel est le plus petit nombre ? Entoure-le.

quatre-vingt-dix-neuf

cent un

Mémo

Des signes pour comparer les nombres.

6 < 7
6 est **plus petit** que 7

74 > 68
74 est **plus grand** que 68

7 Figures planes

Activité : Tracer des polygones. Revoir le vocabulaire.

Compter de 2 en 2 sur les nombres ≤ 30.
De 16 à 30 ; de 7 à 21...

1

Observe ce puzzle. Il est formé de plusieurs figures.

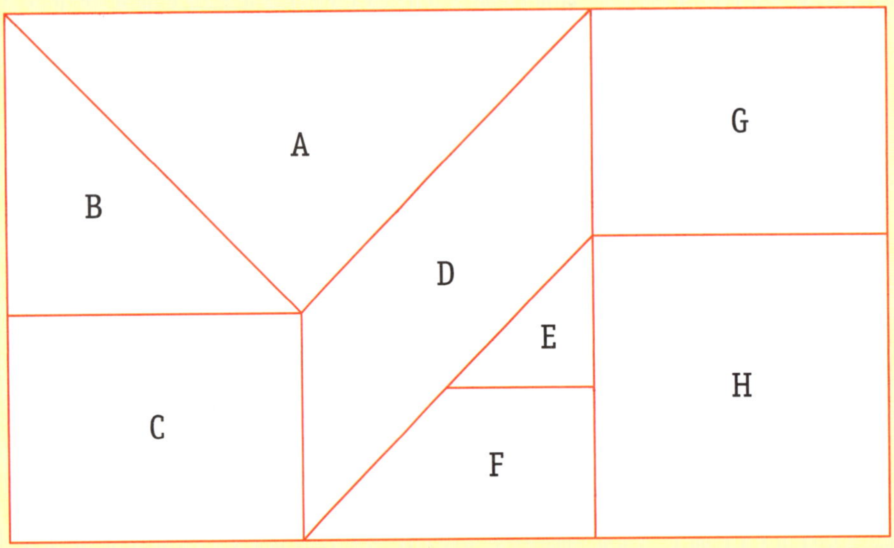

Quelles figures sont :

des triangles ? .... des carrés ? .... des rectangles ? ....

Quelles figures sont des quadrilatères ? ....

Parmi ces figures, quelles sont celles qui sont superposables ? .... et ....

Vérifie avec du papier-calque.

2

Avec quelles figures du 1 cette construction a-t-elle été formée ?

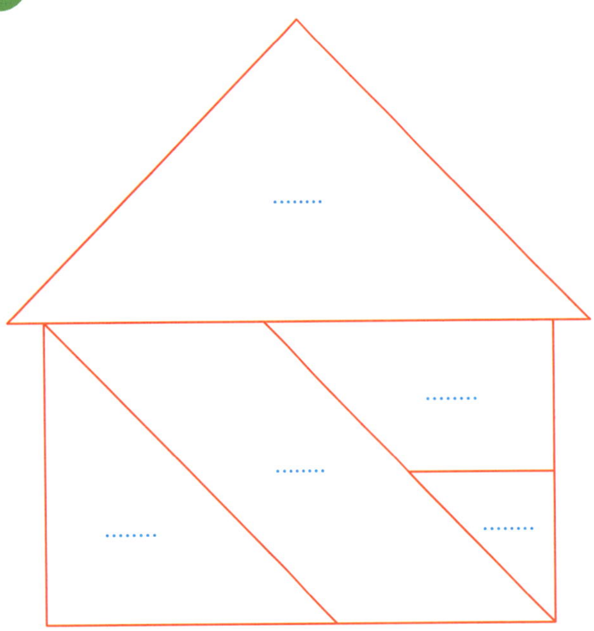

Écris la lettre qui correspond à la figure.

Comment peut-on vérifier ?

....

Chacun des triangles de cette construction a deux côtés de même longueur.

Est-ce vrai ? ....

Vérifie en utilisant le compas.

Compter de 5 en 5 sur les nombres ≤ 30.
Zoé et Léa s'entraînent à la piscine tous les 5 jours. Zoé commence le 1er mars et Léa le 3 mars. Donne les dates des 4 séances suivantes.

3

Termine le tracé du rectangle C du puzzle du **1** en reportant les longueurs.
Vérifie que les deux figures sont superposables.

Comment as-tu reporté les longueurs ?

Coche :

en mesurant avec ta règle ☐

en prenant l'écartement du compas ☐

4

Reproduis sur ce quadrillage le puzzle du **1**.

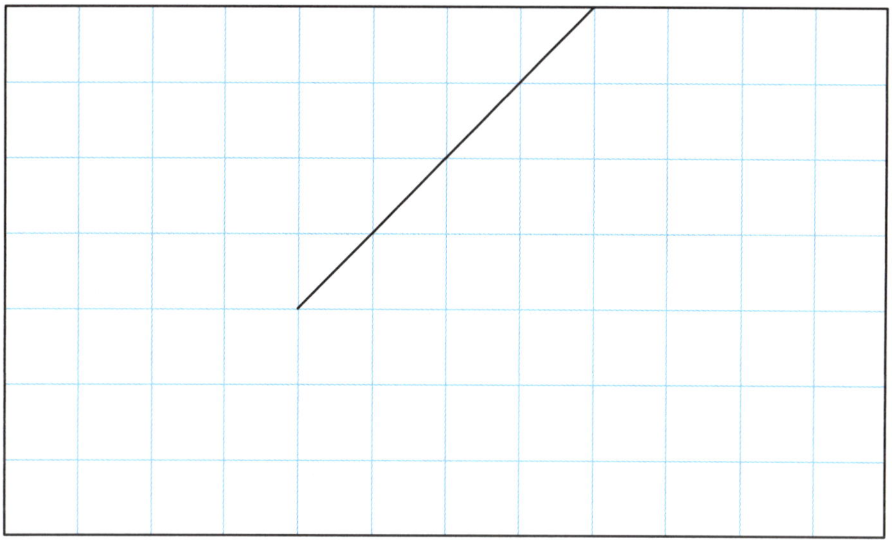

Rappel

Écris le nombre de côtés, de sommets.

	côtés	sommets
triangle	....	....
carré	....	....
rectangle	....	....

la petite question

Où est le carré ?

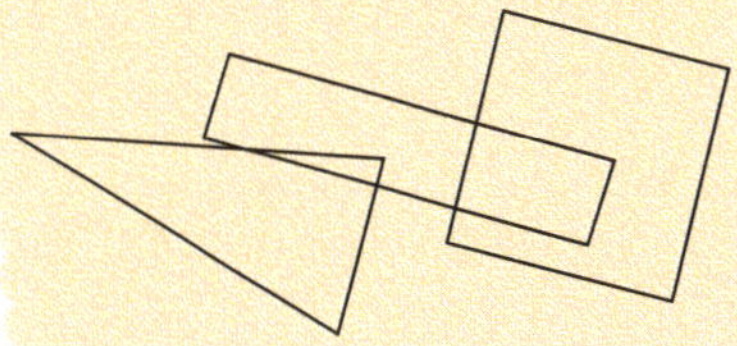

Retrace ses côtés en rouge.

Mémo

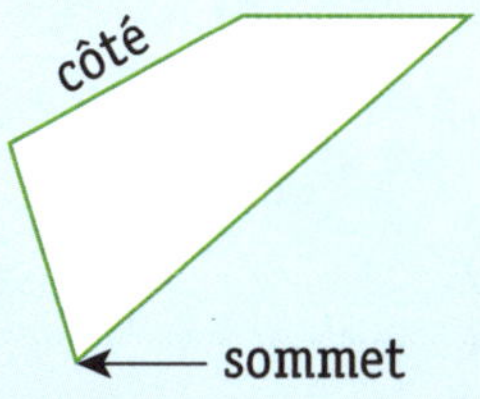

rectangle carré

Les figures à 4 côtés sont des **quadrilatères**.

Le **rectangle** et le **carré** sont des quadrilatères.

8 point-étape 1

1 2 3 4 5
6 7 8 9 10

Colorie quand tu as réussi.

1 **Barre** ce qui est faux.

soixante-douze : 62 72

2 **Barre.**

96 : quatre-vingt-six
quatre-vingt-seize

3 Vrai ou faux ? (V ou F)

6 + 9 + 3 < 3 + 7 + 9 ☐

4 Vrai ou faux ?

10 est le double de 5
et 5 est la moitié de 10 ☐

5 **Entoure** le plus grand.

15 + 5 + 30 30 + 15 + 6

6 **Entoure** la somme la plus grande.

8€ 5€30

7 **Barre** la réponse fausse.

Inès a 3 pièces de 1€ et 4 billets de 10€.

Quelle somme possède-t-elle ? 34€ 43€

8 Dans la vitrine du pâtissier, il y a 4 rangées de 10 tartelettes et 7 éclairs au chocolat. Il vend 25 gâteaux pour la classe de CE2 qui part en voyage. Combien lui reste-t-il de gâteaux à vendre ?

Barre.

Il lui reste 12 / 22 gâteaux.

9 **Réponds** par oui ou par non.

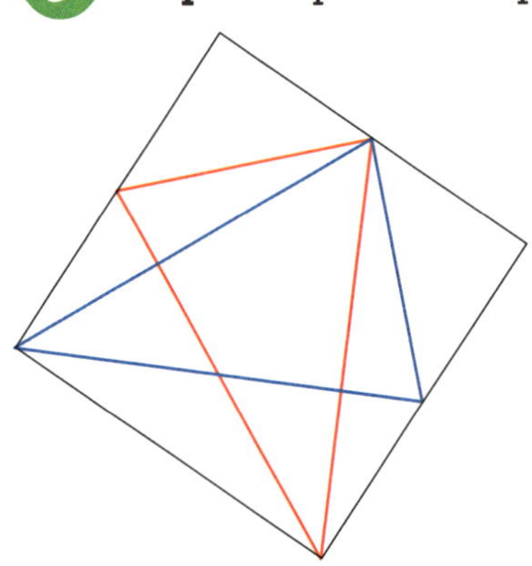

Le triangle rouge et le triangle bleu sont-ils superposables ?

....

10 Quelle est la longueur de cette ligne brisée ?

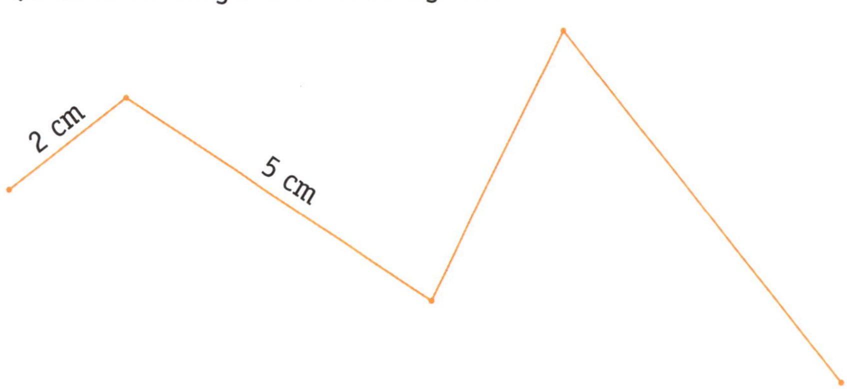

Entoure la réponse exacte.

19 cm

17 cm

1 Dans quelle case se trouve chaque oie ?

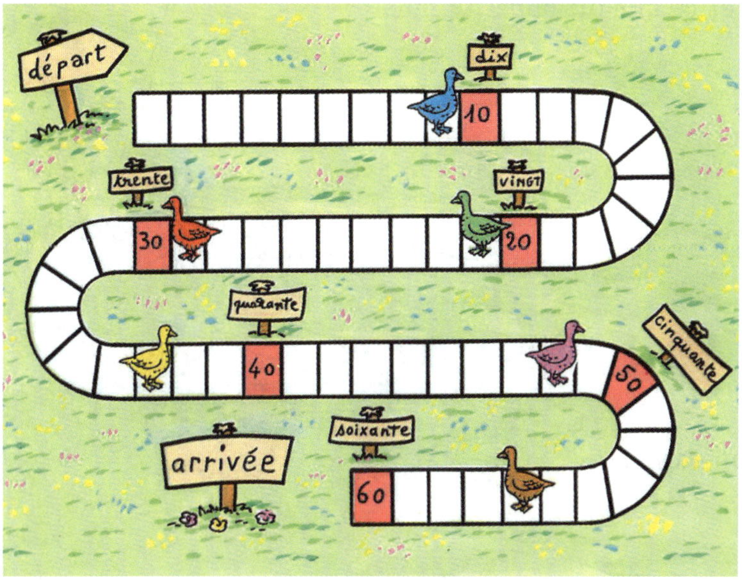

....

....

Repère cette oie sur le chemin.
Colorie-la de la même couleur.

2 **Trace** les deux trajets.

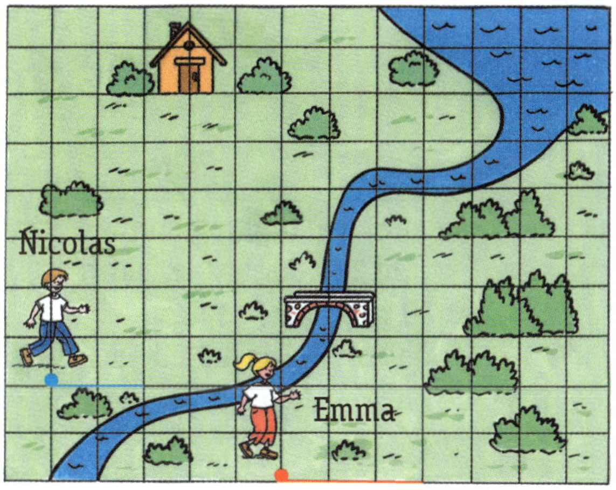

Voici le codage des trajets de Nicolas et d'Emma.

Nicolas : 2 → ↑2 1 → ↑4

Emma : 3 → ↑4 3 ← ↑4 2 ←

Arrivent-ils tous les deux à la cabane ?

....

3 **Relie** les nombres de 80 à 100.

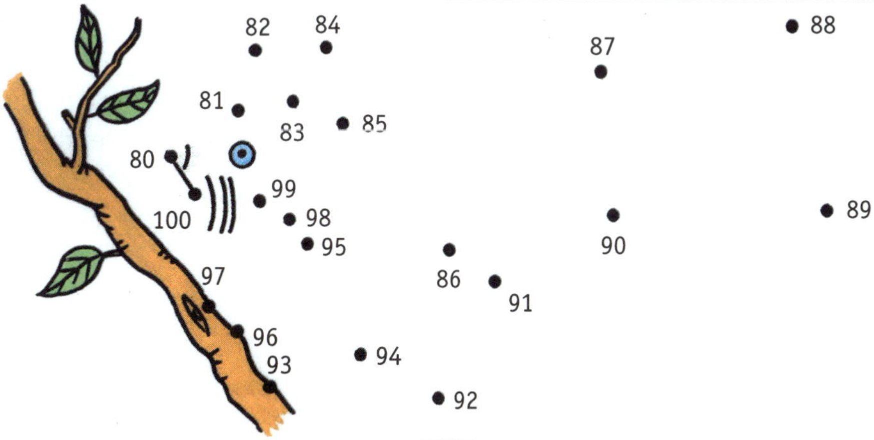

10 Problèmes

Activité : Lire et analyser des problèmes présentés sous des formes variées.

Écrire deux nombres < 100 ;
les comparer en utilisant < et >.
21 ... 37 ; 77 ... 67

1 Recherche

Lis attentivement le problème et ce que dit la petite fille.

À la piscine, il y a 35 enfants dans le grand bassin et 23 dans le petit bassin.

1. Quel est le nombre total d'enfants dans l'eau ?

2. Quel est le nombre de garçons ?

Pour chaque question, **écris** l'opération et la phrase réponse.

Question 1

Opération : ....

Réponse : ....

....

Question 2

Opération : ....

Réponse : ....

....

2

À l'animalerie, un aquarium contient 46 poissons, des rouges et des bleus.
Il y a 25 poissons rouges.
Combien y a-t-il de poissons bleus ?

....

....

....

3

Au zoo, le gardien a donné à Rita l'otarie 12 poissons le matin et 20 poissons le soir.
Combien l'otarie a-t-elle mangé de poissons dans la journée ?

....

....

4

À la piscine, Matthieu a nagé 3 longueurs de bassin.
Le bassin mesure 25 m de long.
Quelle distance Matthieu a-t-il parcourue en nageant ?

....

....

5

Au marché, ce matin, une fermière a vendu 22 canards et à midi, il lui en reste 3. Combien avait-elle de canards en arrivant au marché ?

....

....

....

Ajouter trois nombres de somme < 20.
Dans un magasin, des élèves font trois achats chacun. Calcule chaque dépense. 4 €, 3 €, 2 € ; 6 €, 4 €, 2 €...

6 Louis a cette somme d'argent dans son porte-monnaie. Il achète la montre.
Entoure ce qu'il va dépenser.

Il lui restera ....

7 Fatou a cette somme dans son porte-monnaie. Elle achète le stylo.
Entoure ce qu'elle va dépenser.

Il lui restera ....

8 Sophie fait ce circuit à vélo. Elle part du village A, passe par les villages B et C puis revient en A.

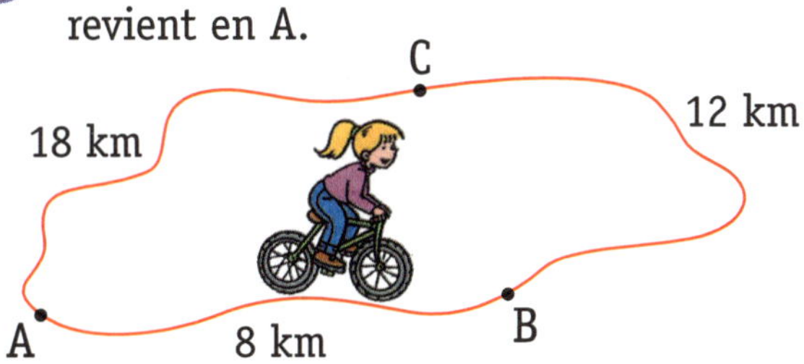

Combien de kilomètres va-t-elle parcourir ?

....

....

....

9 Cheng emprunte un livre de 98 pages à la bibliothèque. Il veut le lire en entier pendant la semaine. Voici le nombre de pages lues chaque jour.

jours	L	Ma	Me	J	V	S	D
nombre de pages lues	9	11	20	0	12	15	15

A-t-il fini de lire son livre à la fin de la semaine ?

....

Explique ta réponse. ....

Rappel

Effectue les calculs.

30 − 20 = ...　　50 − 40 = ...　　80 − 40 = ...

40 − 20 = ...　　50 − 20 = ...　　70 − 50 = ...

50 − 10 = ...　　40 − 30 = ...　　90 − 40 = ...

la petite question

Combien manque-t-il pour faire 30 ?

Activité

Avec les pièces et les billets des fiches cartonnées, **réalise** les sommes suivantes.

46 €　　27 € 50　　38 € 30　　52 € 80

Compare avec tes camarades.

11 Nombres à trois chiffres

Activité : Grouper par 10, 100 pour revoir la structure d'un nombre à trois chiffres.

Calculer des différences associées à la table d'addition jusqu'à 14.
9 − 3 ; 12 − 4...

1 Recherche

Voici ce que Coline a dans sa tirelire. Elle demande à Moussa d'échanger la même somme avec le moins de billets et de pièces possible.

Écris le nombre de billets et de pièces que Coline a après l'échange.

billets de 100 €	billets de 10 €	pièces de 1 €
....	....	....

Écris la somme en chiffres : .... en lettres : ....

2 **Écris** le nombre de cubes de chaque collection.

....

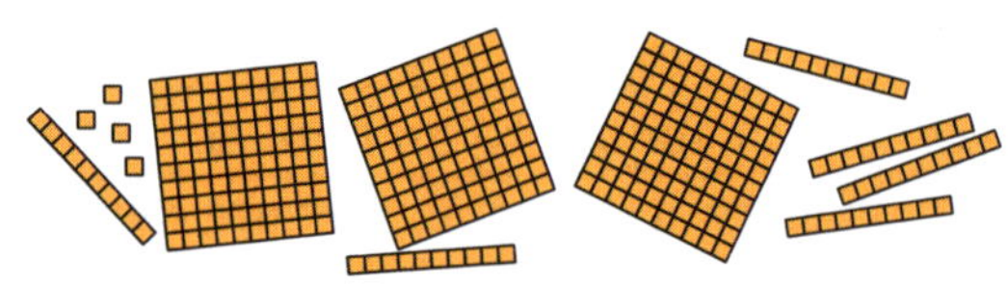

....

3 **Complète** le tableau.

324	.... centaines .... dizaines .... unités	300 + 20 + 4
582	....	....
710	....	....
805	....	....

4 **Complète** les écritures.

543 ....

729 ....

.... quatre cent trente-deux

.... six cent soixante-trois

5 **Effectue** les additions.

$$\begin{array}{r} 236 \\ +\ 43 \\ \hline ... \end{array} \qquad \begin{array}{r} 474 \\ +\ 315 \\ \hline ... \end{array} \qquad \begin{array}{r} 425 \\ +\ 203 \\ +\ 71 \\ \hline ... \end{array}$$

Calculer des différences associées à la table d'addition jusqu'à 14.
Un pion se déplace en reculant. De combien recule-t-il s'il passe de 10 à 7 ? de 12 à 8 ?...

6 **Complète** les égalités.

500 + 300 = ...

600 + 70 + 8 = ...

4 + 50 + 200 = ...

800 + 36 = ...

9 + 500 = ...

800 − 200 = ...

470 − 300 = ...

540 − 30 = ...

386 − 80 = ...

575 − 24 = ...

7 **Complète** les égalités.

548 = 100 + 100 + 100 + 100 + 100 + 10 + 10 + 10 + 10 + 8

548 = (100 x ....) + (10 x ....) + ...

357 = ... + ... + ... + ... + ... + ... + ... + ... + ...

357 = (100 x ....) + (10 x ....) + ...

8 À la tombola de l'école, les élèves ont vendu 6 paquets de 100 billets et 8 carnets de 10 billets. Quel est le nombre total de billets vendus ?

....

Les élèves ont vendu ....

Utilise ton cahier de recherche.

Dans une salle de spectacle, il y a 528 fauteuils. 408 personnes sont déjà installées.
Combien reste-t-il de places libres ?

....

Il reste ....

Rappel

Ajoute trois de ces nombres pour obtenir 20.

10 4 5 5 .... + ... + ... = 20

7 7 2 6 .... + ... + ... = 20

8 4 9 7 .... + ... + ... = 20

la petite question

Quelle est l'étiquette 100 ?
Colorie-la.

500 − 50

140 − 40

Mémo

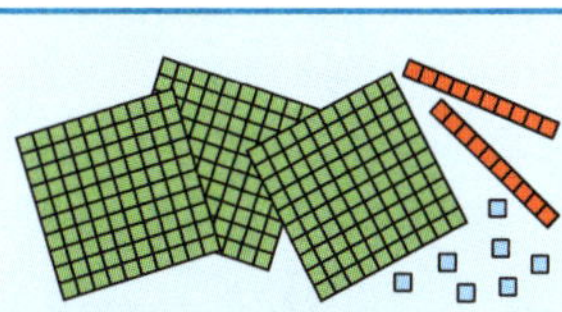

trois cent vingt-sept

c	d	u
3	2	7

3 centaines 2 dizaines 7 unités

327 = 300 + 20 + 7

327 = (100 x 3) + (10 x 2) + 7

12 Nombres à trois chiffres

Activité : Dégager une procédure pour comparer des nombres.

Écrire un nombre < 1 000 sous la dictée.

1 Recherche

Observe les affichettes.

Recopie le prix de chaque séjour.

Alpes : ....

Londres : ....

Italie : ....

Égypte : ....

Espagne : ....

Quel est le séjour le moins cher ?

....

Quel est le séjour le plus cher ?

....

Range les prix dans l'ordre croissant : ....

L'oncle de Karine a économisé 500 €. Avec cette somme, où peut-il aller ?

.... **Explique** ta réponse.

2 **Range** les nombres dans l'ordre décroissant.

201 509 590 400 199 407

....

3 **Écris** le nombre caché.

199 | .... | 201

500 | .... | 502

.... | 400 | 401

4 **Continue** les suites.

Ajoute 1 : 287 ....

Ajoute 10 : 287 ....

Ajoute 100 : 287 ....

Transformer des dizaines en unités.
Boris a planté des salades par rangées de 10. Combien y a-t-il de salades dans 2 rangées ? 4 rangées ? 6 rangées ?...

5 **Situe** les nombres entre les centaines les plus proches.

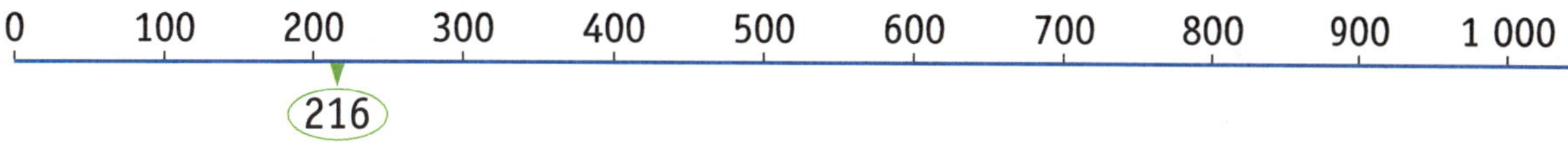

216 est situé entre 200 et 300.

547 ....

699 ....

902 ....

6 **Situe** les nombres entre les dizaines les plus proches.

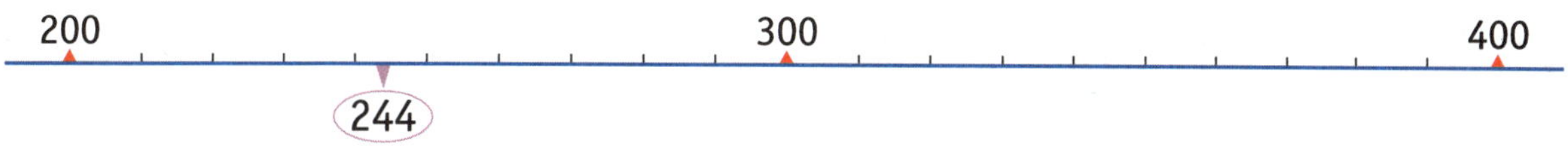

244 est situé entre 240 et 250.

282 ....

372 ....

315 ....

7 **Compare** en utilisant les signes <, >, =.

786 286

319 349

200 + 9 210

30 + 400 .... 200 + 10 + 200

7 + 40 + 300 .... 300 + 7 + 40

8 Un libraire reçoit le lundi un carton de 240 livres et un autre de 125 livres. Le mardi, il reçoit trois cartons de 100, 124 et 132 livres.

Quel jour a-t-il reçu le plus de livres ?

....

Explique ta réponse. ....

....

Rappel

Calcule.

80 + ... = 100

50 + ... = 100

60 + ... = 100

30 + ... = 100

90 + ... = 100

20 + ... = 100

70 + ... = 100

40 + ... = 100

la petite question

Quel est son poids ? ....

Activité +

Voici trois étiquettes. Tu peux les disposer de six façons différentes pour obtenir six nombres à trois chiffres.

Retrouve ces six nombres.

3 6 4

13 Addition

Activité : Effectuer des additions pour réviser la technique.

Ajouter un nombre à un chiffre sans franchir la dizaine.
32 + 6 ; 43 + 4 ; 232 + 5...

1 Recherche

Un car de touristes a le choix entre trois itinéraires pour se rendre aux cascades de Melgi.

itinéraire 1

	c	d	u
	1	2	6
+		5	6
	1	8	2

• **Calcule** la longueur des itinéraires 2 et 3.

Itinéraire 2 : .... Itinéraire 3 : ....

• À l'aller, le car passe par la ville A et, au retour, il passe par la ville C.

Calcule la distance parcourue pendant la journée par ce car de touristes.

....

....

2 **Pose et effectue** les additions.

148 + 29 ; 357 + 185 ; 634 + 76 ; 122 + 46 + 287

	1	4	8
+		2	9
	.	.	.

3 **Complète** les additions.

7 . + . 4 = 9 9	2 8 + 6 . = . 9	. 7 + 3 . = 8 7	. 6 8 + 4 . . = 7 2 9

Exprimer le double d'une mesure.
Leila trace un segment de 9 cm. Kevin trace un segment de longueur double. Quelle est sa longueur ?

4 **Effectue** les calculs en ligne.

38 + 20 = ... 35 + 34 = ... 347 + 30 = ...

40 + 18 = ... 23 + 74 = ... 238 + 41 = ...

5 À quel achat correspond chaque somme ? **Écris** le nom de l'objet.

....

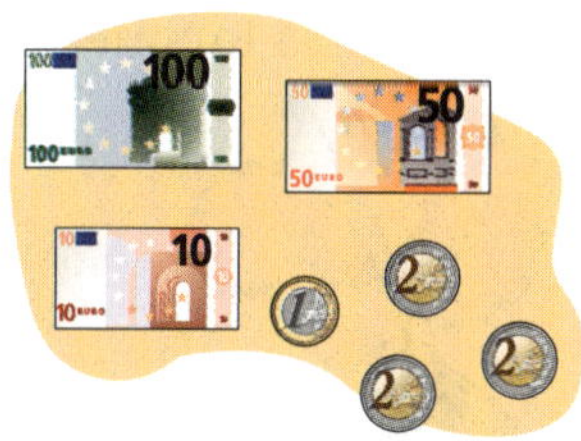

....

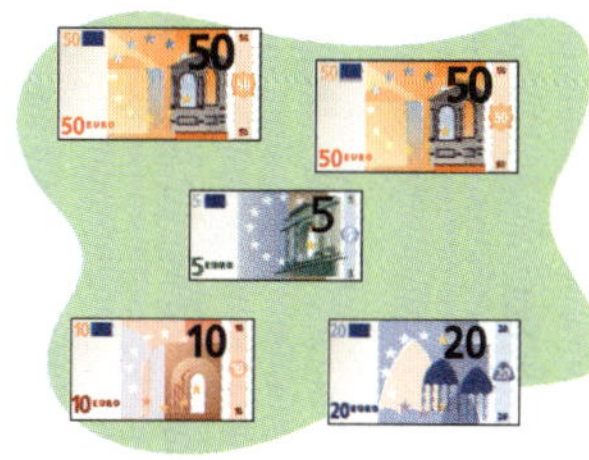

....

aspirateur 167 €

casseroles 84 €

robot 135 €

6 Lan et Marc veulent acheter le même vélo qui coûte 164 €. **Dessine** les billets et les pièces qui manquent à chacun d'eux pour acheter le vélo.

Lan

Marc

Rappel

Relie les écritures d'un même nombre.

trois cent un •	• 712
six cent vingt-sept •	• 75
sept cent douze •	• 301
soixante-quinze •	• 627

la petite question

Combien a-t-on utilisé d'allumettes pour faire cette pyramide ?

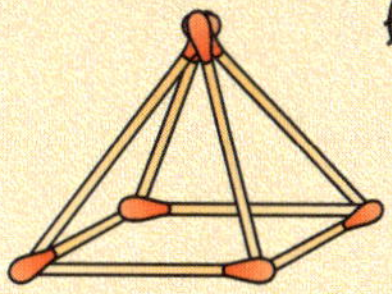

....

Mémo

c	d	u
[1] 2	[1] 8	4
+ 1	3	9
4	[1] 2	[1] 3

L'addition à retenue.

9 u + 4 u = 13 u — On écrit les 3 unités. On retient 1 dizaine.

8 d + 3 d + 1 d = 12 d — On écrit les 2 dizaines. On retient 1 centaine.

2 c + 1 c + 1 c = 4 c — On écrit les 4 centaines.

14 Mesurer en cm et en mm

Activité : Observer la règle graduée. Constater l'approximation liée à la mesure.

Calculer le double d'un « nombre clé ».
2 ; 20 ; 200...

1 Recherche

Trouve la longueur de la ligne brisée à partir du travail commencé par Emma et par Gaëtan.

Emma a mesuré chaque segment et elle a additionné les longueurs.

AB = 4 cm 3 mm

BC = 3 cm 2 mm

CD = 6 cm 3 mm

longueur totale = ...

Gaëtan a reporté bout à bout les trois segments et mesuré la longueur totale.
Vérifie les reports. **Écris** la mesure trouvée.

....

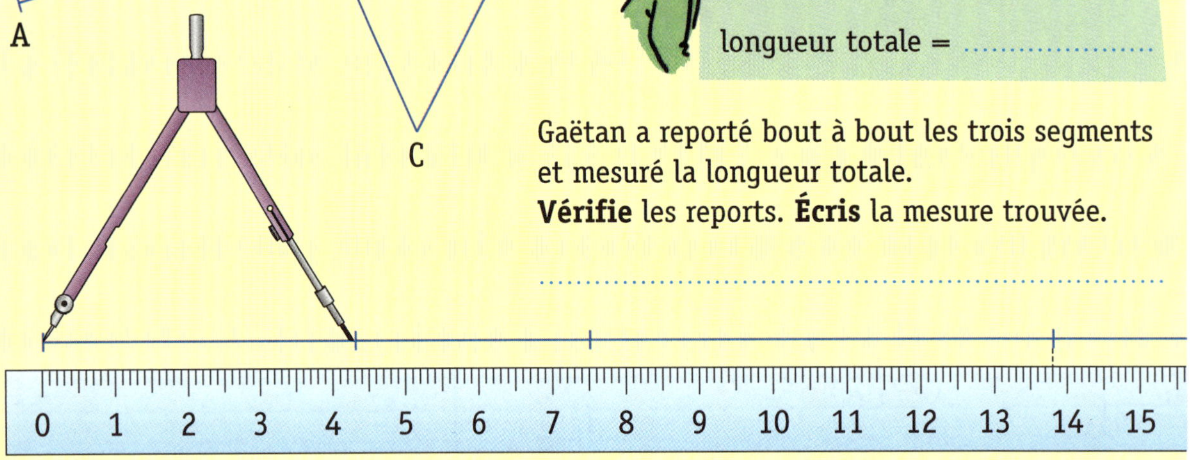

Avec ces deux méthodes, trouve-t-on le même résultat ? ....

Complète la phrase : *La ligne brisée mesure* .... *cm* .... *mm.*

2

Avec ta règle graduée, **mesure** les longueurs. **Compare** avec les autres élèves.

AB = ...

BC = ...

CD = ...

DE = ...

EA = ...

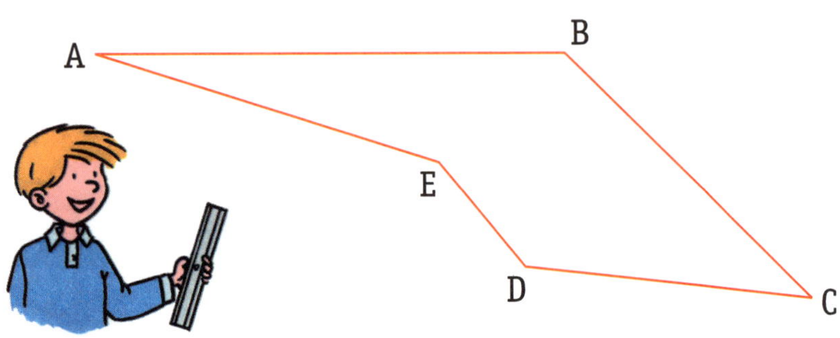

3

Trace un segment MN de 124 mm.

Calculer le double d'une somme.
Maxime prend deux cartes et doit indiquer le double des points obtenus.
Il prend (10 et 3). Calcule le double de la somme.

4 **Mesure** ces segments. **Complète** les phrases.

Le segment S mesure 1 cm et 6 mm ou 16 mm.

Le segment ……… *mesure 3 cm et 8 mm ou* ……… *mm.*

Le segment ……… *mesure 4 cm et 2 mm ou* ……… *mm.*

Le segment ……… *mesure* ……… *cm et* ……… *mm ou 25 mm.*

5 **Range** ces mesures de la plus petite à la plus grande.

7 cm	3 cm	2 cm 9 mm	5 cm 2 mm

………………… ………………… ………………… …………………

6 Chloé a mesuré le périmètre du triangle. Elle a trouvé qu'il était compris entre 12 cm et 13 cm.

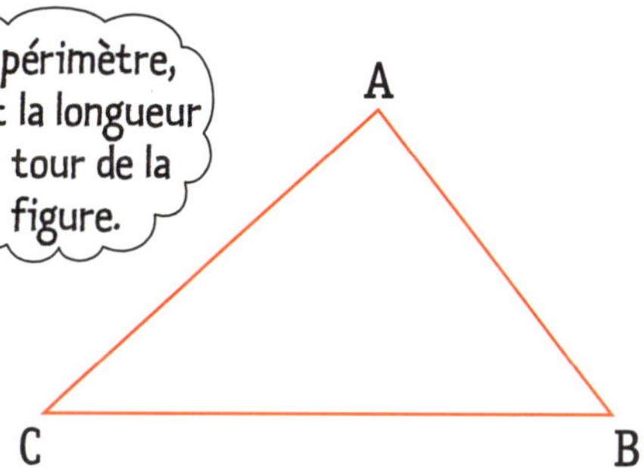

A-t-elle raison ? ………………

Vérifie. **Explique** pourquoi.

…………………………………………

…………………………………………

…………………………………………

Rappel

Complète la phrase.

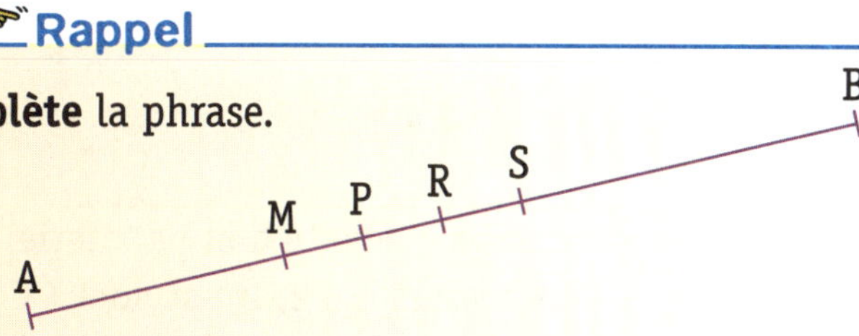

Le milieu du segment AB est le point …………

la petite question

Quelle est la moitié de 1 cm ?

……… mm

Mémo

Bien placer la graduation 0 de la règle en face de l'une des extrémités du segment.

Le segment AB mesure 4 cm 7 mm.

1 cm = 10 mm

15 Bilan 1 numération - problèmes

1 Calcul mental. Contrôler la table d'addition.

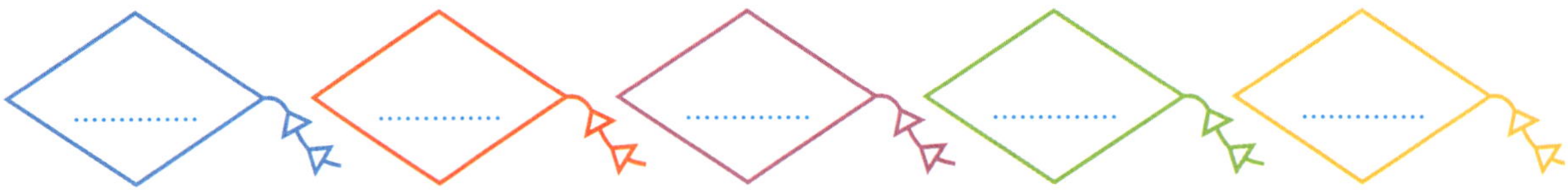

2 Observe et continue les suites.

196	197	198	....	....	....	....	....
83	82	81	....	....	....	....	....

3 Range les nombres dans l'ordre croissant.

205 520 87 100 18 78

....

4 Compare en utilisant les signes : <, > ou =.

80 + 4 ...... 40 + 8 275 ...... 291 30 + 20 ...... 60 – 10 709 907

5 Effectue les calculs.

30 + 400 + 6 = ...

(5 × 100) + 9 = ...

340 + 20 + 8 + 100 = ...

6 Effectue les additions.

$$\begin{array}{r} 2\ 7\ 5 \\ +\ 1\ 1\ 9 \\ \hline \cdot\ \cdot\ \cdot \end{array} \qquad \begin{array}{r} 4\ 3\ 6 \\ +\ 1\ 9\ 4 \\ \hline \cdot\ \cdot\ \cdot \end{array}$$

7

Rachid a 39 € dans sa tirelire.
Il achète un CD qui coûte 12 €.
Quelle somme possède-t-il maintenant ?

Réponse : ....

....

8

Jeanne a acheté à la papeterie un agenda à 6 €, un stylo à 4 € et un tube de colle à 1 € 30.
Combien a-t-elle payé ?

Réponse : ....

....

9 Voici 5 segments : a, b, c, d, e.

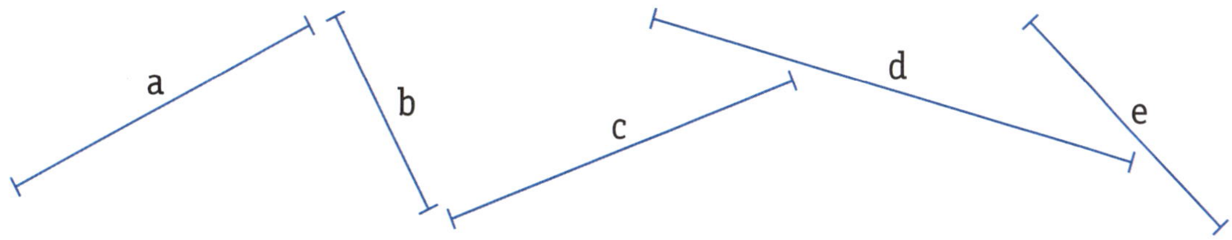

Avec ces segments, on forme une figure.

Indique à quel segment correspond chaque côté de la figure.

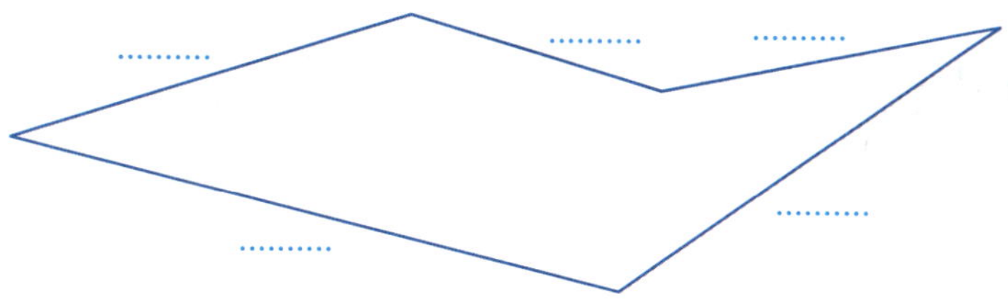

10 **Mesure** la longueur du segment AB. **Complète** les phrases.

La longueur du segment AB est comprise entre .... cm et .... cm.

Le segment AB mesure .... cm et .... mm.

11 **Reproduis** la figure.

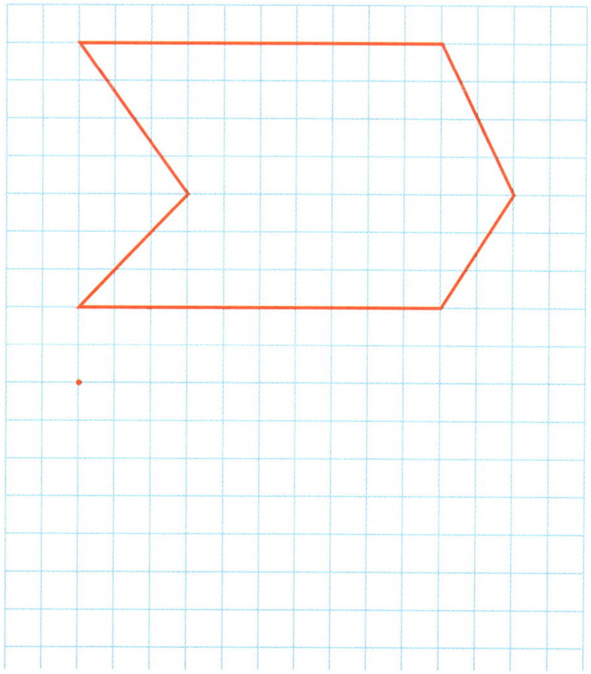

12 **Observe** cette figure.

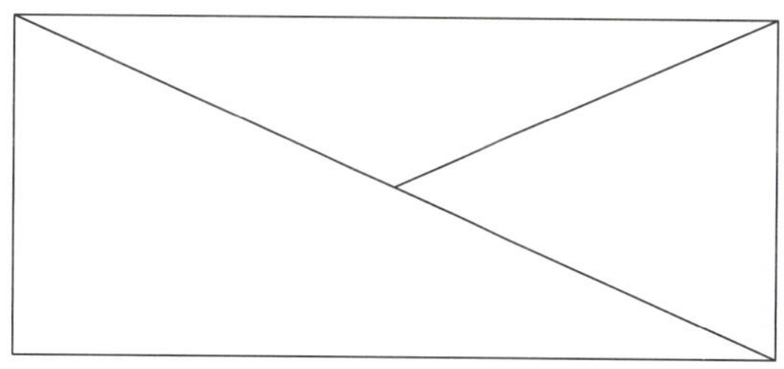

Reproduis-la exactement.

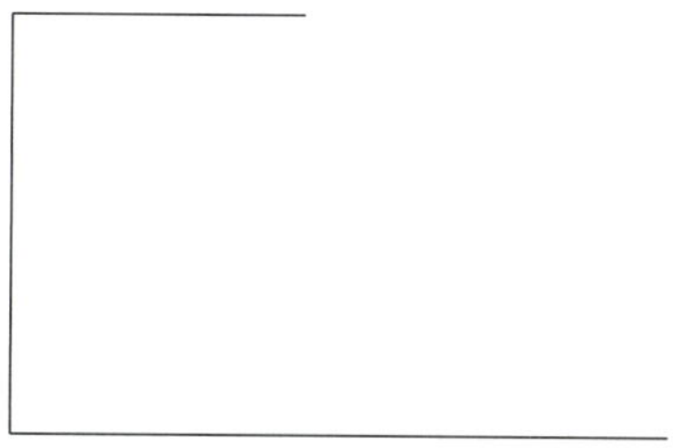

16 Addition – Soustraction

Activité : Travailler la relation addition – soustraction.

Ajouter et retrancher des dizaines entre elles.
50 + 20 ; 50 – 20…

1 Recherche

Lis le problème.

Au phare du Récif, il y a 376 marches.
Louis a déjà monté 253 marches et Sophie 232.
Combien reste-t-il de marches à monter à Louis ? à Sophie ?

Observe ces deux méthodes pour calculer le nombre de marches qu'il reste à monter à Louis.

de 253 pour arriver à 376

253 + ... = 376

de 253 à 260 → 7
de 260 à 300 → 40
de 300 à 376 → 76
123

Louis a encore 123 marches à monter.

à 376 j'enlève 253

376 – 253 = ...

j'enlève 200
376 – 200 = 176
j'enlève 50
176 – 50 = 126
j'enlève 3
126 – 3 = 123

Il reste 123 marches à monter à Louis.

Utilise une de ces méthodes pour trouver le nombre de marches qu'il reste à monter à Sophie. **Fais** les calculs sur ton cahier et **recopie** ta réponse.

....

2 **Complète** en t'aidant de la ligne des nombres.

100 110 120 130 140
118 125

118 + ... = 125	120 + ... = 136	129 + ... = 140
125 – 118 = ...	136 – 120 = ...	140 – 129 = ...
118 + ... = 130	125 + ... = 131	124 + ... = 141
130 – 118 = ...	131 – 125 = ...	141 – 124 = ...

Compléter une dizaine à 100.
Un coureur cycliste doit parcourir 100 km.
Quelle distance lui reste-t-il quand il a fait 10 km ? 20 km ?...

3 **Effectue** les soustractions.

435 − 400 = ...
435 − 35 = ...
435 − 30 = ...
435 − 5 = ...
435 − 405 = ...
435 − 430 = ...

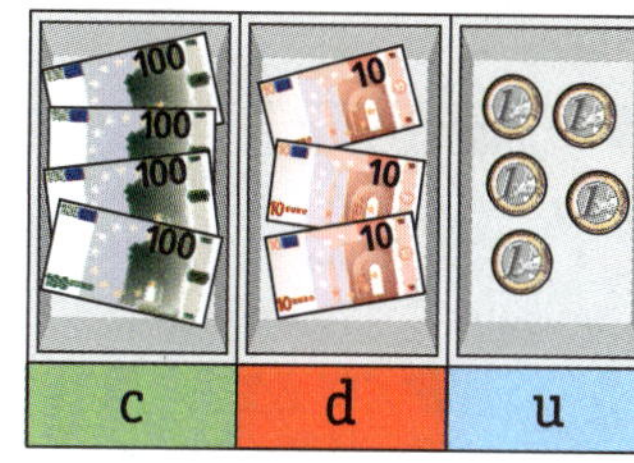

4 **Effectue** les opérations. On commence par la colonne des unités.

	c	d	u
	4	8	7
−	1	5	3
	.	.	.

	c	d	u
	1	5	3
+	.	.	.
	4	8	7

	c	d	u
	9	7	6
−	5	1	3
	.	.	.

	c	d	u
	5	1	3
+	.	.	.
	9	7	6

5 Pour chaque problème, **fais** les calculs sur ton cahier, **recopie** l'opération et le résultat.

Dans une école, il y a 158 élèves. Aujourd'hui, 47 élèves sont en voyage.

Combien reste-t-il d'élèves à l'école ?

.... = ...

Marie veut acheter un appareil photo qui coûte 175 €.
Elle possède 142 €.

Combien lui manque-t-il ?

.... = ...

Un livreur doit emporter deux colis qui pèsent : 75 kg et 230 kg.

Quel sera le poids de son chargement ?

.... = ...

Rappel

Complète.

500 + 40 + 2 = ...
8 + 30 + 600 = ...
50 + 7 + 800 = ...
90 + 900 + 2 = ...
640 + 8 = ...
700 + 15 = ...
20 + 603 = ...
80 + 112 = ...

la petite question

Quel est son poids ? ....

Mémo

Pour calculer ce qu'il reste à parcourir, on peut utiliser :

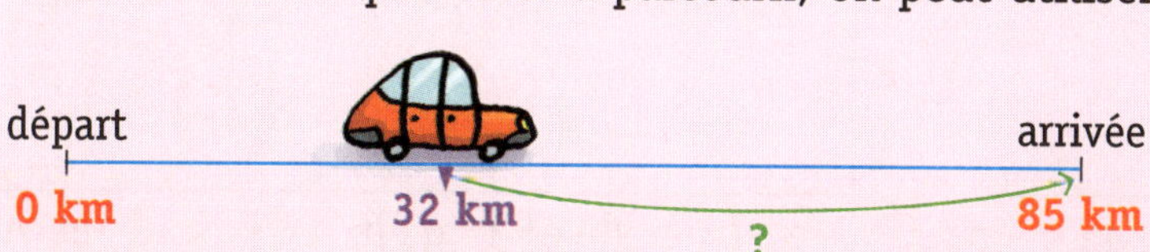

l'addition : 32 + 53 = 85

la soustraction : 85 − 32 = 53

17 Repérage sur quadrillage

Activité : Repérer les nœuds et se déplacer sur un quadrillage.

Ajouter et retrancher des centaines entre elles.
500 + 200 ; 500 – 200…

1 Recherche

La carte de France a été dessinée sur un quadrillage.

Écris le nom de la ville située :

en (b ; 5) ....

en (d ; 2) ....

en (e ; 6) ....

Indique dans quelles cases du quadrillage sont situées les villes.

Lyon (....... ; ....)

Bordeaux (....... ; ....)

Lille (....... ; ....)

Marseille (....... ; ....)

Repère le tracé de la Seine. Dans quelles cases passe ce fleuve ?

(....... ; ....) (....... ; ....) (....... ; ....) (....... ; ....)

2

On veut reproduire le bateau.
Repère les nœuds et **trace**.

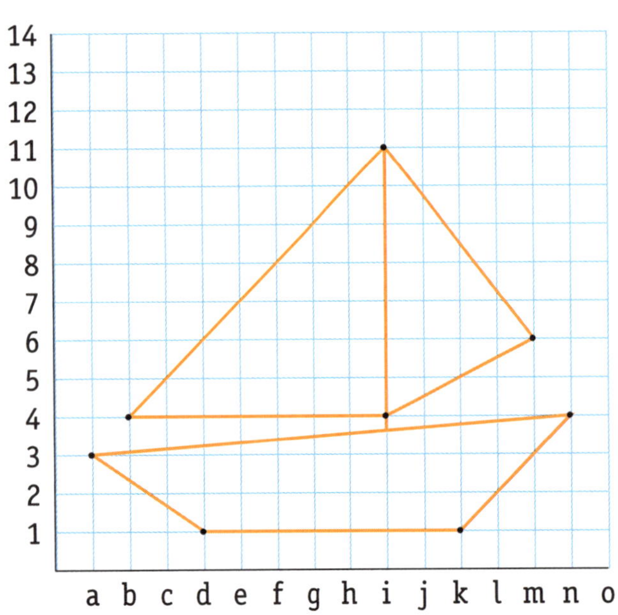

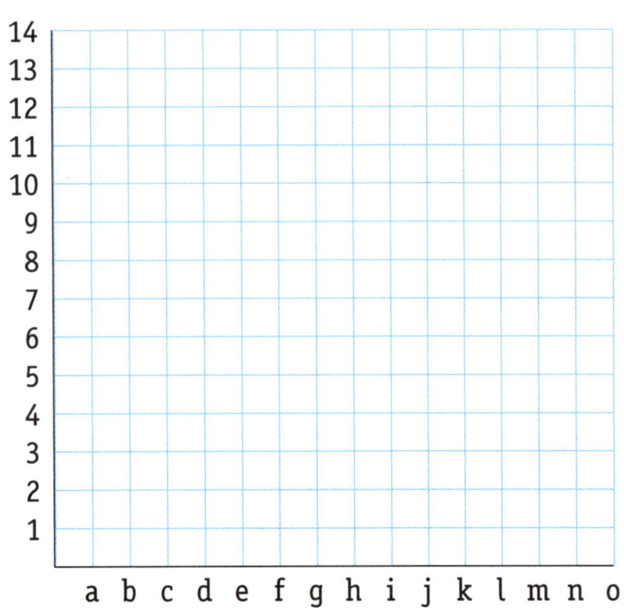

Ajouter des dizaines.
Aline a lu 40 pages de son livre. À quelle page arrivera-t-elle si elle lit encore 20 pages ? 50 pages ?...

3

Trace le trajet de l'escargot et celui de la tortue.
L'escargot avance de 5 carreaux vers la droite, 3 vers le haut, 5 vers la gauche.
La tortue avance de 6 carreaux vers la droite, 3 vers le haut, 4 vers la gauche.

Qui mangera la salade ?

....

4

Place les points D, E et F sur des nœuds situés dans l'alignement des points A, B et C.
Trace la droite qui passe par tous ces points.

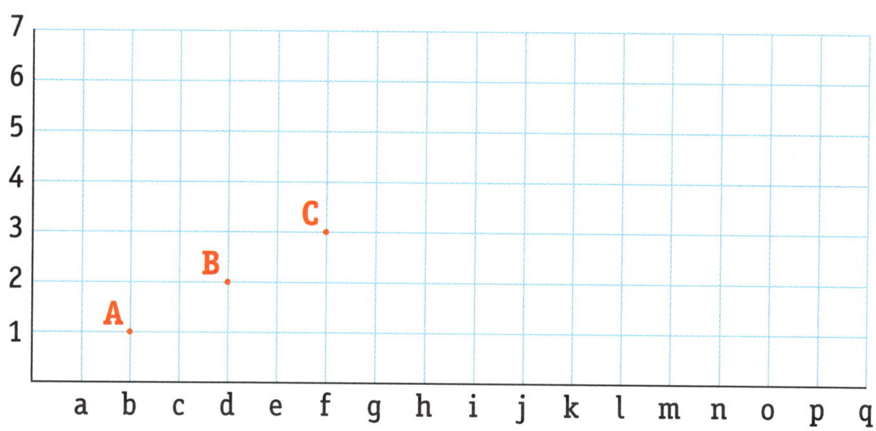

Code la place des points.

A (b ; 1)

B (d ; 2)

C (....... ; ....)

D (....... ; ....)

E (....... ; ....)

F (....... ; ....)

Rappel

Complète la phrase.

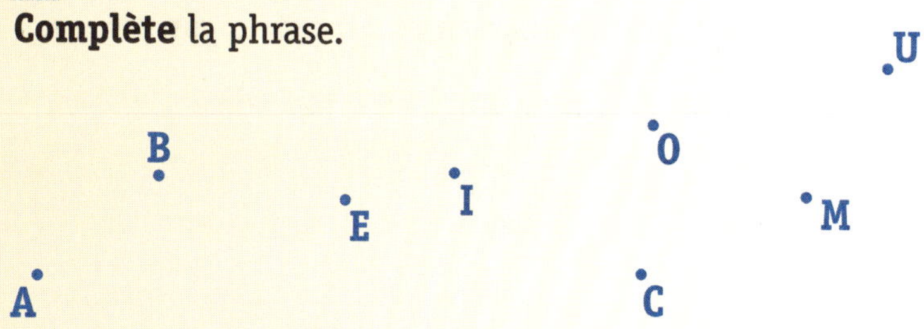

Les points A, ..., ..., O et ...... sont alignés.

la petite question

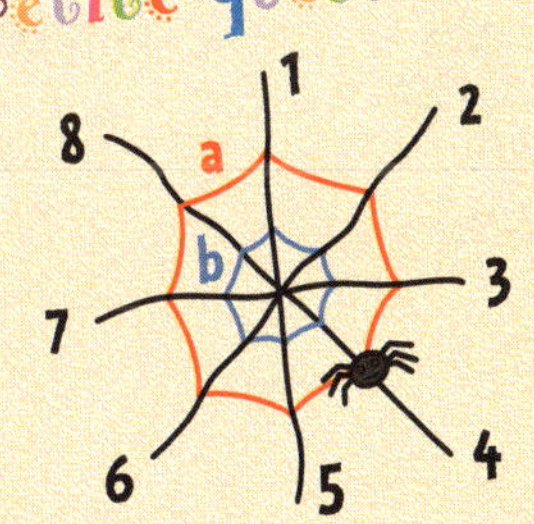

Sur quel nœud est l'araignée ? (...... ; ......)

Activité +

Par deux. Jouer à la bataille navale.

Je trace un quadrillage.

Je place un bateau.

Tu dois le faire couler en nommant des cases.

18 Lire un tableau

Activité : Analyser le fonctionnement d'un tableau.

Compléter une somme de la table d'addition.
12 = 8 + … ; 14 = 7 + …

1 Recherche

Lis ce tableau extrait d'une encyclopédie.
Cherche dans le dictionnaire les mots dont tu ne connais pas le sens.

	souris	lapin	chat	chien	cheval
durée maximale de vie	4 ans	10 ans	20 ans	20 ans	60 ans
durée de gestation	21 jours	30 jours	60 jours	65 jours	335 jours
nombre de portées par an	4 ou 5	6 ou 7	2	2	1
nombre de petits par portée	4 à 10	10 à 15	3 à 6	2 à 10	1

Réponds aux questions.

1. Quelle est la durée maximale de vie d'un chien ? ....
   d'une souris ? .... d'un lapin ? ....
2. Quelle est la durée de gestation de la femelle du lapin ? ....
3. Quel animal ne peut avoir qu'une seule portée par an ? ....
4. Quel animal a une durée de gestation de 60 jours ? ....
5. Combien une souris peut-elle avoir de petits par portée ? ....

6. Pendant 2 ans, Souricette a eu 4 portées par an et 10 petits par portée.
   Combien Souricette a-t-elle eu de petits durant cette période ?

   ....

2 **Lis** les renseignements et **complète** le tableau avec les mots écrits en vert.

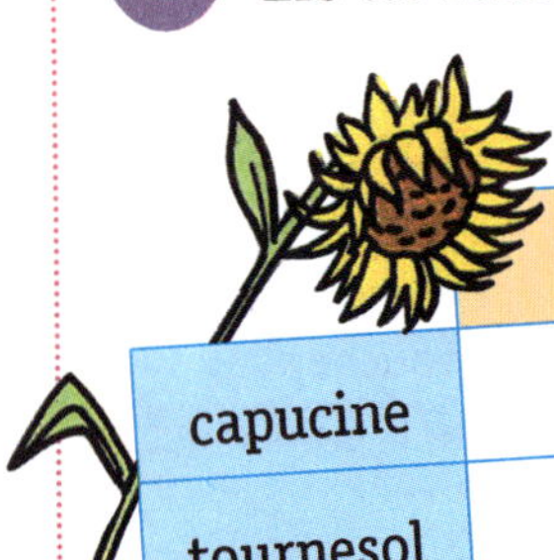

	semis	....	floraison
capucine	avril	40 cm	....
tournesol	mai	....	septembre
cosmos	....	110 cm	juillet

La capucine fleurit en **août** et mesure environ 40 cm de **hauteur**.

Le tournesol mesure environ **150 cm** de hauteur et fleurit en septembre.

Le cosmos est semé en **avril** et fleurit en juillet.

Calculer des différences associées à la table d'addition.
Un pion recule sur la piste des nombres. Dans quelle case arrive-t-il s'il part de 9 et recule de 5 ? s'il part de 16 et recule de 8 ?...

3 **Complète** le tableau.

Lucas a 14 ans, pèse 52 kg et mesure 1 m 63 cm.

Son papa mesure 1 m 84 cm, pèse 85 kg et a 37 ans.

	âge	taille	poids
Lucas	....	....	....
Papa	....	....	....

4 Voici le tableau des élèves qui sont dans les classes de CE2, CM1 et CM2.

Complète ce tableau.

	CE2	CM1	CM2	total
filles	10	12	....	....
garçons	15	....	9	....
total	....	24	22	....

5 **Mesure** les côtés de ce quadrilatère avec ta règle graduée.

Complète le tableau.

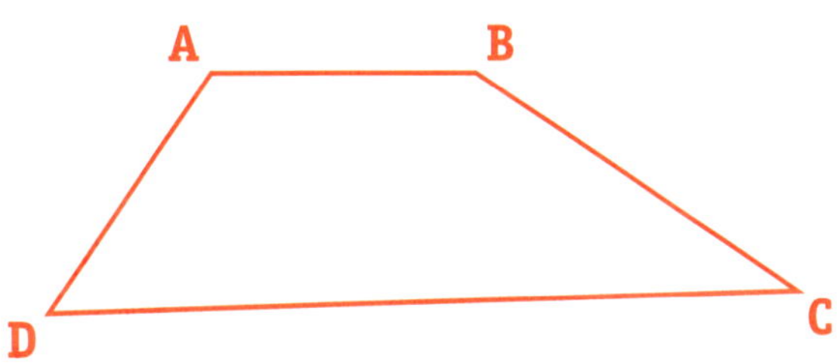

	mesure en cm et en mm	mesure en mm
AB	2 cm 4 mm	24 mm
BC	....	....
CD	....	....
DA	....	....

Rappel

Écris en chiffres.

neuf cent deux : ....

six cent sept : ....

trois cent dix-huit : ....

cent vingt : ....

six cent trente-trois : ....

huit cents : ....

sept cent quatre-vingt-dix-huit : ....

la petite question

Quel nombre est représenté par ❀ ?

30 + ❀ = 530

❀ = ...

Activité +

Construis un tableau pour indiquer quels jours ont lieu des activités de ta classe.

	bibliothèque	gymnase	musique
lundi			
mardi			

19 Multiplication

Activité : Associer une écriture multiplicative à un schéma.

Écrire un nombre sous la forme dizaines et unités.
27 = 20 + 7 ; 32 = ... + ...

1 Recherche

Lis le problème.

Pour une promenade dans le Marais poitevin, 4 barques de 12 passagers chacune sont prêtes à partir.
Quel est le nombre total de passagers ?

Continue le schéma des barques avec les passagers.

Écris le nombre de passagers

- sous la forme d'une addition :

.... + ... + ... + ... = ...

- sous la forme d'une multiplication :

.... x .... = ...

2 **Barre** les écritures qui ne représentent pas le nombre d'arbres.

5 x 4 | 20 | 4 + 4 + 4 + 4 + 4 | 25 | 5 + 5 + 5 + 5 | 5 + 4 | 4 x 5

Complète l'égalité : 5 x ..... = 4 x ..... = ...

3 **Calcule** le nombre de carreaux. **Écris** les deux produits.

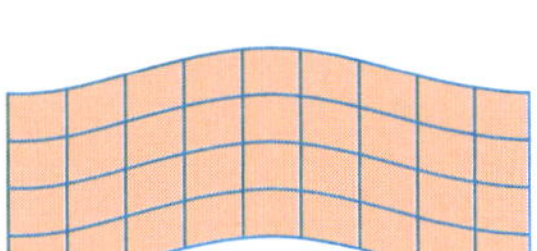

9 x 4 = 36

4 x .... = ...

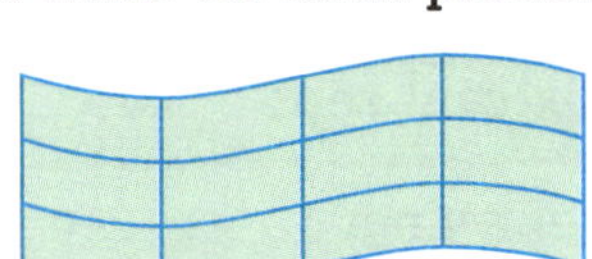

.... x .... = ...

.... x .... = ...

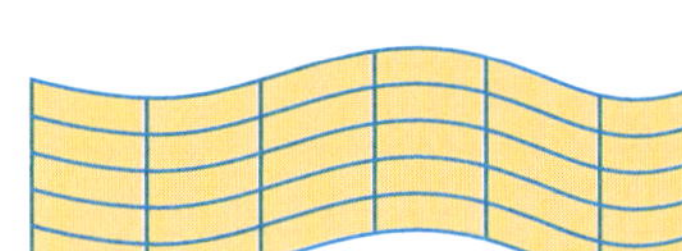

.... x .... = ...

.... x .... = ...

4 **Transforme** en produit et **calcule**.

8 + 8 = 8 x 2 = ...

5 + 5 + 5 = ... x .... = ...

6 + 6 + 6 + 6 + 6 = ... x .... = ...

7 + 7 + 7 + 7 = ... x .... = ...

Calculer la moitié de nombres ≤ 100.
Jean et Ahmed se partagent une collection de billes en deux parts égales.
Combien de billes recevra chaque enfant s'il y a 12 billes ? 40 billes ?...

5 **Calcule** le nombre de carreaux coloriés pour écrire chaque mot.

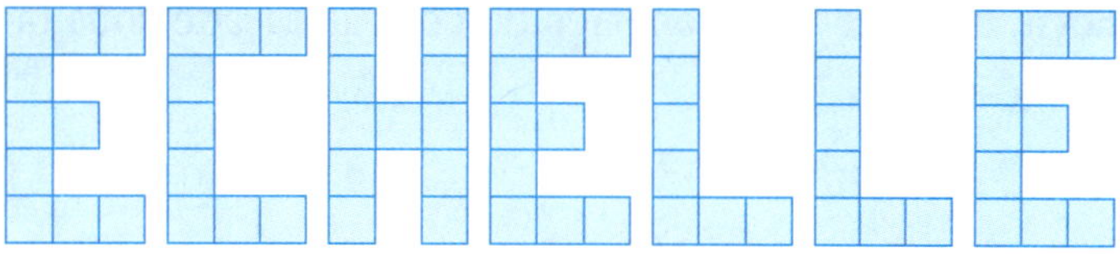

ETE	ECHELLE
10 + 7 + 10	.... + ... + ... + ... + ... + ... + ...
(10 x 2) + 7	(....... x ....) + (....... x ....) + ... + ...
.... + ...	.... + ... + ... + ...
....	....

6 **Transforme** ces écritures. **Observe** l'exemple.

Utilise des parenthèses.

10 + 10 + 10 + 6 = (10 x 3) + 6 = 36

10 + 10 + 10 + 10 + 5 = ...

100 + 100 + 7 + 100 + 100 + 100 = ...

100 + 100 + 4 + 4 + 4 = ...

7 Le maître a acheté 4 boîtes de 10 crayons rouges et 3 boîtes de 10 crayons bleus.
Quel est le nombre total de crayons ?

....

....

8 Pour payer un lave-linge, un client a donné 3 billets de 100 €, 2 billets de 10 € et 4 pièces de 1 €.
Quel est le prix de cet appareil ?

....

....

Rappel

Effectue les additions.

	389	318	564
729	+ 106	+ 296	+ 390
+ 136	+ 34	+ 144	+ 108
. . .	. . .	. . .	. . . .

la petite question

Combien de carreaux ont été enlevés ?

....

Mémo

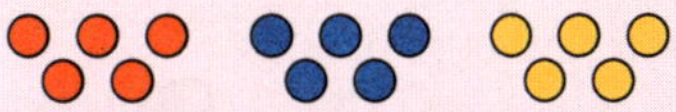

5 + 5 + 5

5 x 3

3+3+3+3+3

5 + 5 + 5

5 x 3 = 3 x 5 = 15

Dans un **produit**, on peut changer l'ordre des nombres sans changer le résultat.

20 Multiplication

Activité : Donner des écritures multiplicatives d'un nombre.

Réviser la table de multiplication par 2.
5 x 2 ; 7 x 2...

1 Recherche

Écris le nombre de fenêtres de chaque façade sous la forme de produits.

Sur une feuille, **dessine** un immeuble avec 36 fenêtres.
Compare ta production avec celle de tes camarades.

2 **Continue** les suites.

Multiples de 3.

3 — 6 — 9 — ..... — ..... — ..... — ..... — ..... — ..... — ..... — 33

Multiples de 4.

4 — 8 — 12 — ..... — ..... — ..... — ..... — ..... — 36 — 40 — .....

3 **Classe** les écritures d'un même nombre.

18 x 1	12 x 1	3 x 4
3 x 6	6 x 4	9 x 2
8 x 3	12 x 2	2 x 6

12	18	24
....	....	....
....	....	....
....	....	....

4 **Effectue** les calculs.

4 x 0 = 0	4 x 1 = ...	4 x 10 = ...
0 x 3 = ...	1 x 3 = ...	10 x 3 = ...
9 x 0 = ...	9 x 1 = ...	9 x 10 = ...

Calculer les moitiés de « nombres clés ».
Tina et Quentin organisent un vide-grenier. Ils se partagent l'argent gagné.
Calcule la part de chacun si le montant de la vente est de 100 €, 60 €…

5 **Écris** sous forme de produits le nombre de gommettes de chaque feuille.

.... x .... = ...

.... x .... = ...

.... x .... = ...

.... x .... = ...

.... x .... = ...

6 **Complète** le tableau de multiplication.

x	3	5		6	4	7	9	8	1	10
2	6				8	......	......	......	......	......
3						......	......	......	......	......
4							......	......	......	......
5							......	......	......	......

7 **Barre** les nombres qui ne sont pas dans la table de 5.

24	15	40	25	12	32
35	49	10	50	30	20

8 **Complète** les produits.

2 x .... = 18

5 x .... = 20

2 x .... = 20

8 x .... = 32

6 x .... = 18

Rappel

Continue les suites.

Enlève 1 : 723 ....

Enlève 10 : 723 ....

Enlève 100 : 723 ....

la petite question

Combien ce set de table a-t-il de carreaux ?

....

Activité

x	3	5		6	4	7
2	6				8	......
3						......
4						
5						

Observe le tableau de multiplication de l'exercice 6 et **retrouve** 10 produits cachés par le carnet.

Exemple : 5 × 4 = 20

21 Problèmes

Activité : Dégager la structure d'un problème. Repérer les données.

Réviser la table de multiplication par 5.
3 x 5 ; 7 x 5…

1 Recherche

Lis les textes.
À quel texte correspond chaque question ? **Relie** l'énoncé avec la question qui convient.

Marc a acheté 3 kilos de pommes à 2 € 10 le kg.	A •	• 1	Quel est le nombre total de pommes ?
Inès a rempli 4 cageots de pommes pesant chacun 12 kg.	B •	• 2	Quelle est la somme payée pour les pommes ?
Lan a préparé 3 coupes de fruits contenant 12, 9 et 15 pommes.	C •	• 3	Quelle est la masse totale des pommes ?

Sur ton cahier, **recopie** les trois énoncés avec leur question et **réponds** à la question posée pour chaque énoncé.

2 Pour chaque énoncé, **écris** une question.

Énoncés

a) Maman a dépensé 24 € 50 à la librairie et 32 € 30 à la parfumerie.

b) La fleuriste a reçu ce matin 175 roses rouges et 240 tulipes.

c) Le marchand de fruits a vendu à une cliente 4 kg de cerises et 3 kg d'abricots.

d) La grand-mère de Paul habite à 3 km de chez lui. Deux fois par semaine, il lui rend visite.

Questions

a) ……………………………………………………………………
……………………………………………………………………

b) ……………………………………………………………………
……………………………………………………………………

c) ……………………………………………………………………
……………………………………………………………………

d) ……………………………………………………………………
……………………………………………………………………

Utiliser la table de multiplication par 5.
La maîtresse achète des albums. Un album coûte 5 €.
Combien va-t-elle payer si elle achète 3 albums ? 6 albums ?

3 Pour une rencontre sportive, l'école a acheté 10 litres de jus de fruits et 2 packs de 6 litres d'eau chacun.
Le litre de jus de fruits coûte 2 € et le pack d'eau 3 €.

Quel est le nombre de litres de boisson achetés ? ....

Quel est la somme totale dépensée ? ....

4 Coline a construit un carré ABCD de 4 cm de côté.

Sur ce carré, place les points :
M milieu de AB
N milieu de BC
O milieu de CD
P milieu de DA.

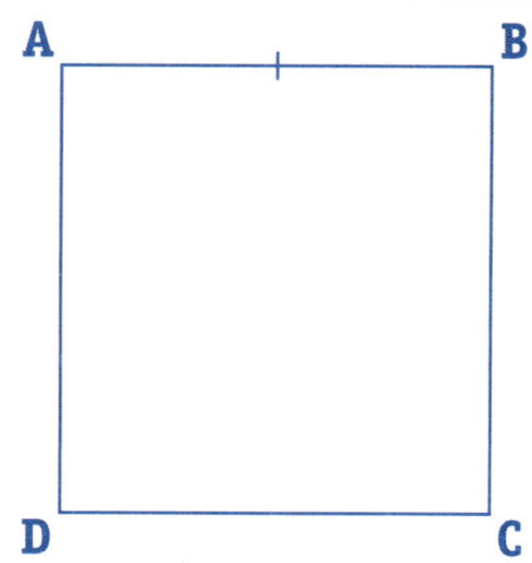

Trace la figure MNOP en reliant les points.

Est-ce un carré ? ....

5 **Utilise** les quatre nombres pour obtenir le résultat indiqué.

3	4	10	2	(..... × .....) + (..... × .....) = 46
2	3	3	25	(..... × .....) + (..... × .....) = 59
7	2	4	5	(..... × .....) + (..... × .....) = 34

Rappel

Compare en utilisant les signes <, > ou =.

70 + 5 .... 70 − 5	218 − 10 208
180 + 2 .... 100 + 83	534 − 40 574
36 − 6 .... 306 − 6	427 − 7 420

Activité +

À partir de ces trois renseignements, **rédige** un énoncé de problème.

Pose la question et **écris** la phrase réponse.

2 kg de cerises	1 billet de 10 €	4 € le kilo

22 point-étape 2

1 2 3 4 5
6 7 8 9 10

Colorie quand tu as réussi.

1 Quelle suite est bien ordonnée ?

Coche : ☐ 200 - 201 - 199

☐ 309 - 310 - 311

2 **Barre** ce qui est faux.

six cent huit : 6 008 608

3 **Barre** ce qui est faux.

724 : soixante-douze quatre

sept cent vingt-quatre

4 **Relie.**

200 + 40 + 5 • • 542

500 + 2 + 40 • • 245

5 **Entoure** le résultat exact.

738 – 135 = ? 603 593

6 **Entoure** le résultat exact.

(5 x 10) + (4 x 2) = ? 508 58

7 **Entoure** le résultat exact.

3 x 6 = ?

36 9 18

8 **Barre** la réponse fausse.

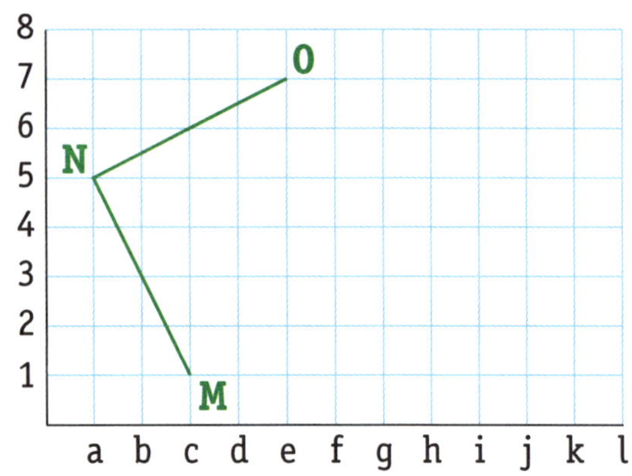

Où faut-il placer le point P pour que la figure MNOP soit un carré ?

en (h ; 4) ou en (g ; 3)

Place le point P. **Trace** le carré.

9 **Entoure** la réponse exacte.

Dans cette boîte, trente chocolats ont été mangés.

Il reste 60 70 40 chocolats.

10 Quelle est la longueur de la ligne brisée ?

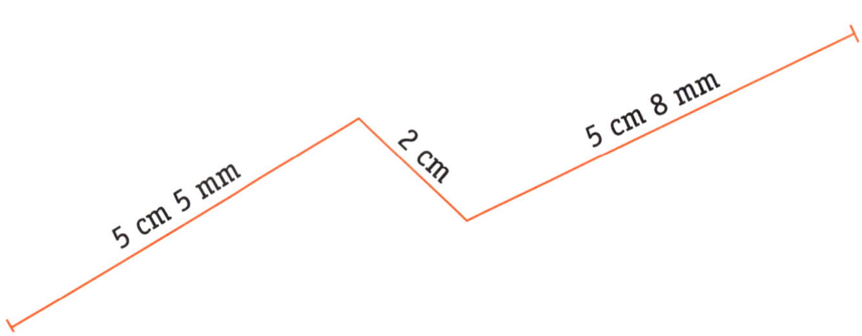

Entoure la réponse exacte.

12 cm 8 mm

13 cm 3 mm

1 **Reproduis** la figure sur le carré agrandi. **Colorie.**

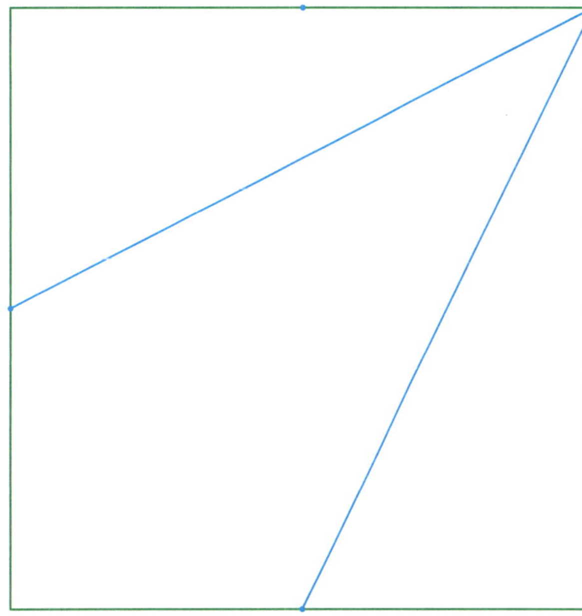

2 **Colorie.**

27

20

24

40

100

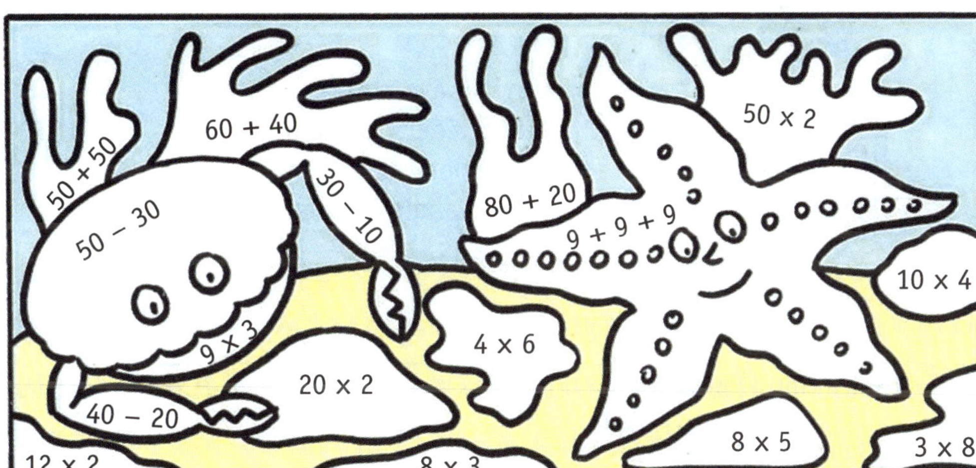

3 **Remplace** ces nombres écrits en chiffres romains par les nombres que tu utilises.

Il est .... h.

Complète.

I	:	1	V	:	5	IX	:	....
II	:	2	VI	:	....	X	:	10
III	:	....	VII	:	....	XI	:	....
IV	:	....	VIII	:	....	XII	:	....

Quel numéro a ce char romain ?

....

24 Droites perpendiculaires

Activité : Repérer les angles droits avec l'équerre. Classer des angles.

Compléter un produit dans la table de 2.
16 égale 2 fois... ?

1 Recherche

A **Plie** une feuille de papier.

B **Plie** une deuxième fois bord à bord le long du pli. **Vérifie** avec ton équerre que l'angle est droit.

C **Déplie** la feuille. **Trace** deux droites en suivant les plis.

Tu as construit deux **droites perpendiculaires**.

Vérifie avec ton équerre que ces deux droites se coupent en formant quatre angles droits.

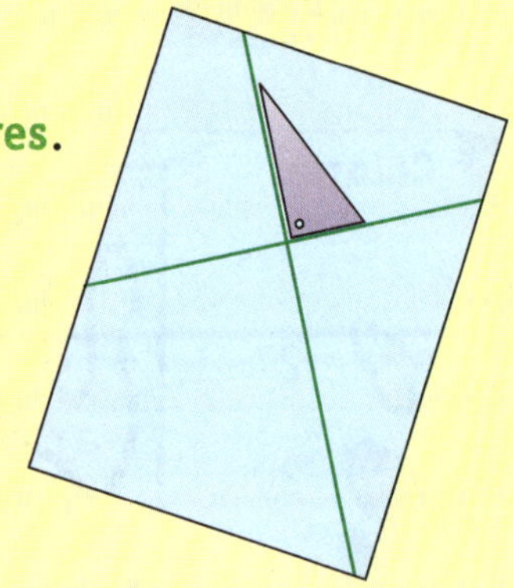

2

Repère les droites perpendiculaires avec ton équerre. **Marque** les angles droits ⌐.

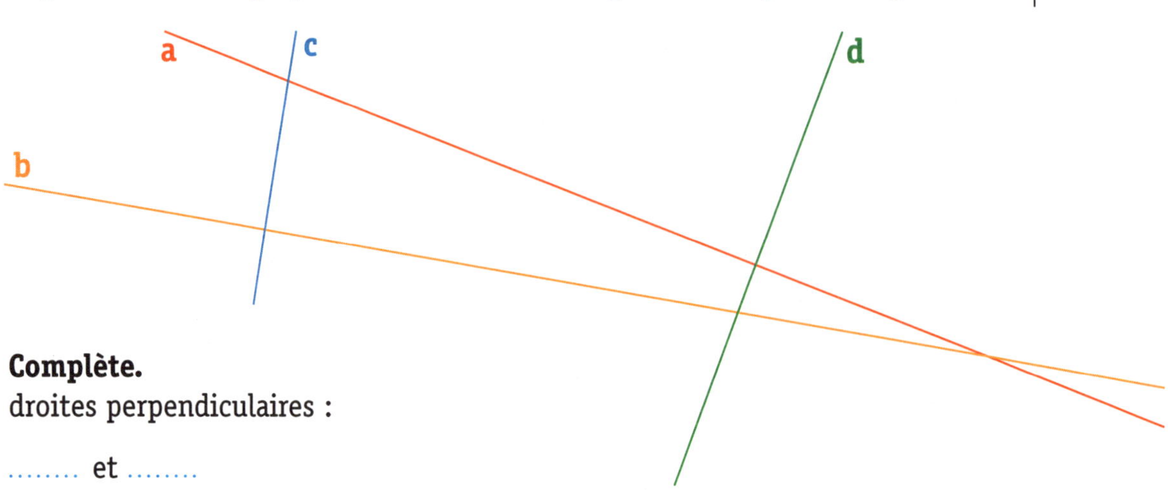

Complète.
droites perpendiculaires :

.... et ....

.... et ....

Utiliser la table de 2 pour calculer un quotient exact.
Les élèves se mettent par deux pour faire des passes de basket.
Combien y a-t-il de groupes de deux s'il y a 16 élèves ? 18 élèves ?...

3 À main levée, **trace** une droite perpendiculaire à cette droite.

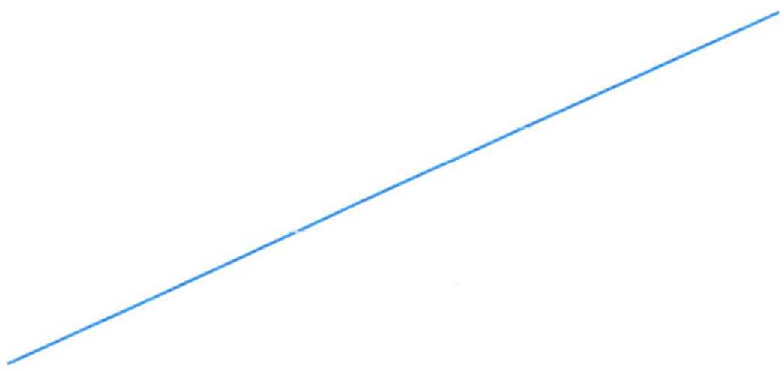

4 Avec ton équerre, **trace** une droite perpendiculaire à cette droite.

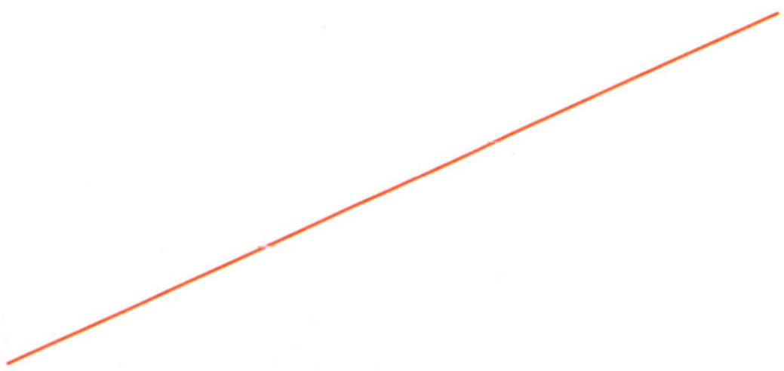

5 Avec ton équerre, **repère** les angles droits dans les figures. **Marque** les ⌐ .

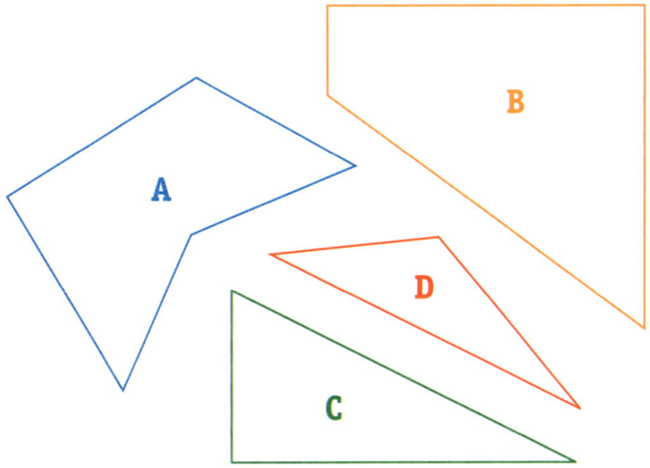

Complète les phrases.

Elle a 1 angle droit et 3 côtés,

c'est la figure ....

Elle a 2 angles droits,

c'est la figure ....

Elle a 1 angle droit et 5 sommets,

c'est la figure ....

Rappel

Termine le tracé du rectangle : sa longueur est 5 cm 5 mm.

la petite question

Combien le carré a-t-il d'angles droits ?

....

Mémo

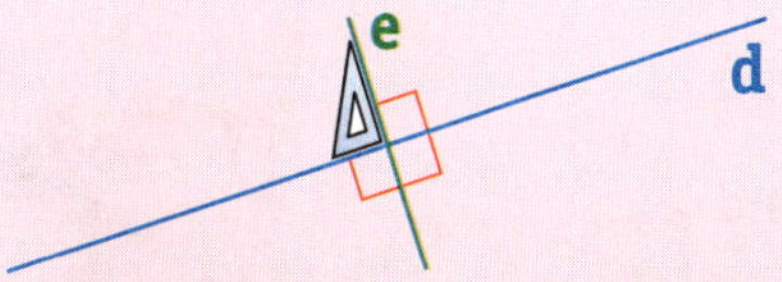

Deux droites **perpendiculaires** se coupent en formant 4 **angles droits**.
Avec l'équerre, je construis des angles droits et je vérifie si deux droites sont perpendiculaires.

25 Calcul réfléchi

Activité : Proposer un jeu pour manipuler doubles et moitiés.

Indiquer la dizaine qui vient après un nombre.
Pour 24 ? La dizaine qui suit est…

1 Recherche

Hugo a acheté un cadeau à sa petite sœur pour son anniversaire. Ce cadeau coûte 32 €. Il paie avec un billet de 50 €.
Combien la marchande doit-elle lui rendre ?

Écris tes calculs et la réponse.

....

....

....

....

2 **Utilise** la ligne des nombres pour calculer.

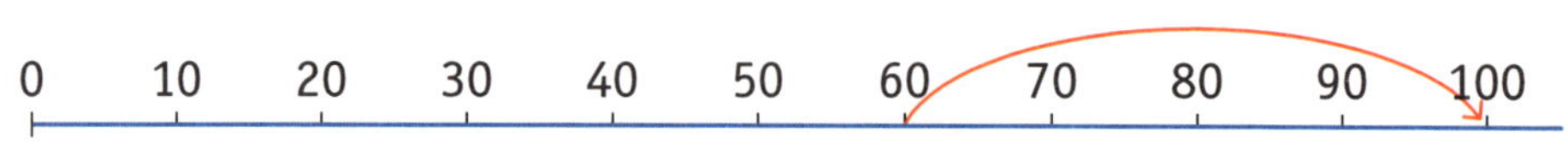

60 + **40** = 100 40 + ... = 100 70 + ... = 100

80 + ... = 100 50 + ... = 100 10 + ... = 100

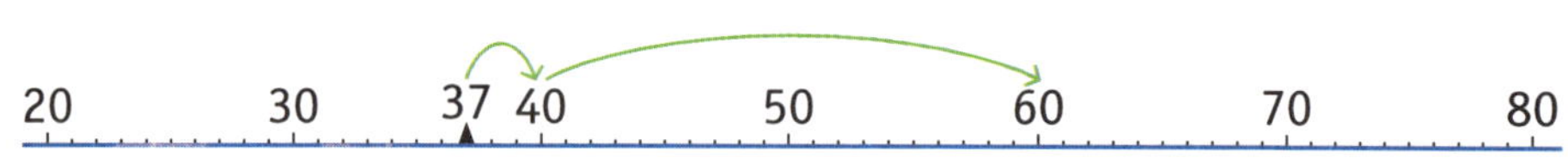

37 + **23** = 60 28 + ... = 50 53 + ... = 60

34 + ... = 50 46 + ... = 80 35 + ... = 70

3 **Lis** les phrases. **Écris** la somme rendue.

Je dois 18 €, je paie avec un billet de 20 €. On me rend ....

Je dois 41 €, je paie avec un billet de 50 €. On me rend ....

Je dois 53 €, je paie avec un billet de 100 €. On me rend ....

Je dois 8 € 50, je paie avec un billet de 10 €. On me rend ....

Encadrer un nombre par les dizaines les plus proches.
Dans une course de 100 km, on a placé des bornes tous les 10 km (10 km, 20 km...).
Entre quelles bornes se trouve un coureur qui a déjà couru 26 km ? 37 km ?...

4 **Calcule** le double de ces nombres.

	10	3	13	20	4	24
double	....	....	....	....	....	....

5

Pour transporter une pile de livres, Cheng et Karine en portent la moitié chacun. S'il y a 20 livres dans la pile, combien chaque enfant portera-t-il de livres ? ....

6 **Trouve** la moitié de ces nombres.

	20	26	28	40	48
moitié	....	....	....	....	....

7

Un cycliste doit parcourir 135 km.
Il a déjà parcouru 97 km.
Combien lui reste-t-il de km à parcourir ?

....

....

8

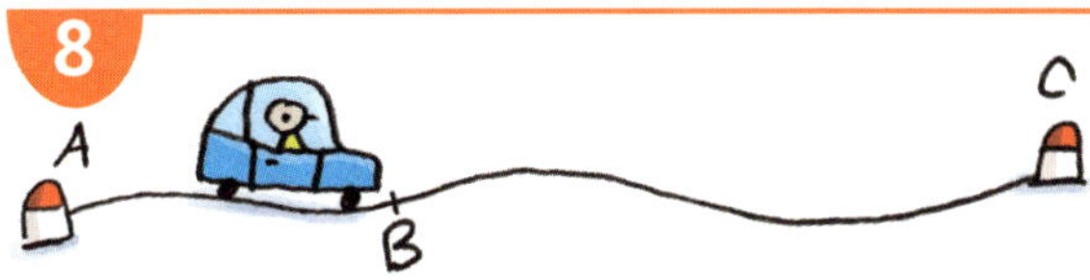

Monsieur Dupont part de la ville A pour aller à la ville C. Quand il est à la ville B, il a fait 100 km et il lui reste le double à parcourir.
Quelle est la distance entre les villes A et C ?

....

....

Rappel

Calcule.

(9 x 100) + 7 = ...

(3 x 100) + 82 = ...

(8 x 100) + 30 + 7 = ...

(7 x 100) + 50 = ...

(5 x 100) + (3 x 10) + 8 = ...

(6 x 100) + (8 x 10) + 2 = ...

la petite question

Quelle est sa longueur ? ....

Activité +

Par deux. Jouer « à la marchande ».

Utilise les billets et les pièces cartonnés.

Je paie avec 50 €.

Tu rends la monnaie pour les sommes

42 € 30 € 28 € 31 € 50 15 € 20

Je vérifie.

26 Heures et durées

Activité : Dégager les rythmes de vie d'une journée de 24 heures.

Compléter à la dizaine supérieure.
Combien pour aller de 27 à 30 ?
de 24 à 30 ?...

1 Recherche

Mercredi, Chloé et Fatou vont ensemble à la piscine.
Observe la pendule et **indique** l'heure d'arrivée.

Arrivée à la piscine :  *Il est .... heures.*

Elles ne repartent pas ensemble. **Indique** l'heure de départ pour chacune d'elles.

Départ de la piscine :  **Fatou** *Il est .... h .... min*

 **Chloé** *Il est .... h .... min*

Réponds aux questions.

Laquelle des deux fillettes est sortie la première ? ....

Combien de temps chaque fillette est-elle restée à la piscine ?

Fatou : .... Chloé : ....

2 Quelle heure indique chaque pendule (matin – après-midi) ?

matin	3 h 00	3 h 05	....	....	....	....	....
après-midi	15 h 00	15 h 05	....	....	....	....	....

matin	3 h 35	....	....	....	....	....
après-midi	15 h 35	....	....	....	....	....

Situer un nombre entre deux dizaines.
Victor colle 10 photos par page. Il a collé 27 photos. Combien de pages remplies ? Combien de photos sur la dernière page ?

3 **Complète** en indiquant le nombre de minutes.

10 h

10 h .... min
10 h et quart

10 h .... min
10 h et demie

10 h .... min
11 h moins le quart

4 **Transforme** en minutes.

1 h 20 min = ...

1 h 40 min = ...

5 **Transforme** en heures et en minutes.

90 min = ... h .... min

120 min = ... h

6 Dimitri a noté sur son carnet les différentes activités de sa journée. Où va-t-il à ces heures-là ?

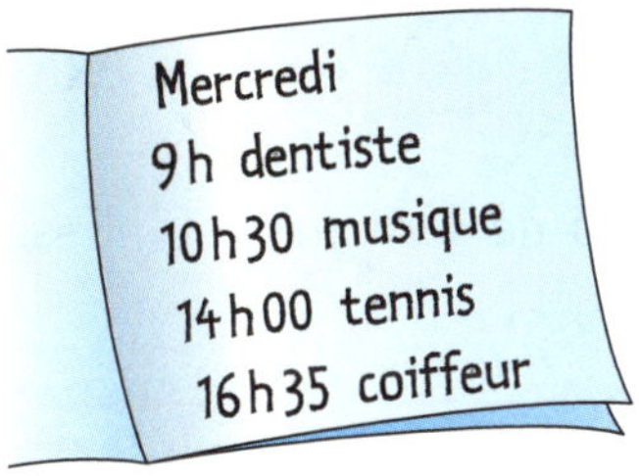

 ....

 ....

 ....

 ....

Dimitri est sorti à 9 h 20 de chez le dentiste.
Combien de temps a duré la consultation ? ....

L'entraînement de tennis dure toujours une heure et demie.
À quelle heure se termine cette activité ? ....

Dimitri est resté 25 minutes chez le coiffeur. À quelle heure est-il sorti ? ....

Rappel

Complète les égalités.

10 + ... = 60	30 + ... = 60	25 + ... = 60
20 + ... = 60	55 + ... = 60	15 + ... = 60
50 + ... = 60	45 + ... = 60	5 + ... = 60

la petite question

Le soleil se lève.

Quelle heure est-il ? ....

Mémo

Il est
7 h le matin
ou 19 h le soir.

Pour mesurer les durées,
on utilise l'**heure** (**h**),
la **minute** (**min**) et le **jour**.

1 heure = 60 minutes
1 h = 60 min
1 jour = 24 heures

27 Table de Pythagore

Activité : Compléter des tableaux multiplicatifs concernant les tables jusqu'à 5.

Compléter un produit dans la table de 5.
20 égale 5 fois... ?

1 Recherche

Cette table de multiplication a été déchirée.

x	1	2	3	4	5	6
1	1	2	3	4	5	6
2	2	4	6	8	10	12
3	3	6	9	12	15	18
4	4	8	12	16	......	
5	......	......	......	20	25	
6	6	12				36

Recopie les produits qui correspondent aux cases roses.

1 = 1 x 1

4 = 2 x 2

9 = ... x ....

16 = ... x ....

25 = ... x ....

36 = ... x ....

Recopie les produits qui correspondent aux cases « 12 ».

12 = ... x ....

12 = ... x ....

12 = ... x ....

12 = ... x ....

Complète les cases qui ne sont pas remplies.

2

Complète les cases de la table qui ne sont pas remplies.

x	1	2	3	4	5	6	7	8	9
1	1	2	3	4	5	6	7	8	9
2	2	4	6	8	10	12	14	16	18
3	3	6	9	12	15	18	21	......	27
4	4	8	12	16	......	......	28	32	36
5	......	......	......	......	25	30	35	40	45
6	6	12	18	......	30	36	42	......	54
7	7	14	21	28	35	......	49	56	63
8	8	16	......	32	40	48	......	64	72
9	......	......	......	......	......	......	......	......	81

28 = ... x .... = ... x ....

3

Utilise la table pour compléter les produits.

6 x 6 = ...

9 x 9 = ...

8 x 8 = ...

7 x 7 = ...

6 x 7 = ...

8 x 7 = ...

9 x 6 = ...

7 x 9 = ...

5 x .... = 20

7 x .... = 35

3 x .... = 18

7 x .... = 28

3 x .... = 27

7 x .... = 56

.... x 9 = 45

.... x 9 = 72

Utiliser la table de 5 pour calculer un quotient exact.
Théo peut ranger 5 petites voitures dans une boîte.
Combien faut-il de boîtes pour ranger 10 voitures ? 20 voitures ?...

4 **Barre** les nombres qui ne sont pas des multiples de 6.

24 15 18 54 48 26
36 40 12 42 30 60

5 **Barre** les nombres qui ne sont pas des multiples de 7.

14 24 56 49 30 35 21 25 17 42 63 28

6 **Colorie** les nombres pairs.

20 21 22
23 24 25
26 27 28
29 30 31

7 **Complète** le tableau.

×	0	1	10	100
4	....	....	....	....
7	....	....	....	....
9	....	....	....	....

8 La famille Dupont est au restaurant. Elle choisit 2 repas à 20 € et 3 repas enfant à 10 €.
Quelle sera la dépense ?

....

....

9 Dans une salle de restaurant, il y a 7 tables de 3 personnes, 5 tables de 4 personnes et 1 table de 8 personnes. Quel est le nombre total de personnes dans ce restaurant ?

....

....

Rappel

Utilise trois de ces nombres pour obtenir le résultat.

1 2 10 7 (..... x .....) – ..... = 19

20 8 5 2 (..... x .....) – ..... = 98

40 7 2 5 (..... x .....) – ..... = 75

la petite question

Quand on me multiplie par 6, on obtient 54.

Qui suis-je ?

....

Activité +

Par deux. Apprendre la table de multiplication par 6.

Je dis un produit. — 6 fois 7

Tu donnes la réponse. — 42

Je vérifie avec la roue des multiples.

On échange les rôles.

28 Problèmes

Activité : Organiser un jeu « Le compte est bon ».

Utiliser les tables de 5 et de 2.
Combien de fois 2 dans 8 ?
Combien de fois 5 dans 15 ?...

1 Recherche

Lis l'énoncé du problème et **observe** les réponses de ces trois enfants.

Dans un magasin de bricolage, maman a acheté 3 pots de peinture et un pinceau. Chaque pot de peinture coûte 12 € et le pinceau coûte 6 €. Combien va-t-elle payer ?

12 + 6 = 18

Elle va payer 18 €.

Matthieu

(12 x 3) + 6 = 42

Elle va payer 42 €.

Moussa

(12 x 3) + (6 x 3)

36 + 18

54

Elle va payer 54 €.

Margaux

Quelle est la solution exacte ? ....

Explique l'erreur commise pour chacune des deux autres réponses.

....

....

....

2

Pour chaque problème, **entoure** l'opération qui convient.

a Au stade, Jeanne a fait 3 tours de piste. La piste mesure 400 m. Quelle distance a-t-elle parcourue ?

400 + 3   400 – 3   400 x 3

....

b Aïcha a confectionné 2 colliers qui ont 34 et 42 perles. Combien a-t-elle utilisé de perles ?

34 x 2   34 + 42   42 – 34

....

c Dans la classe, il y a 24 élèves. Aujourd'hui, 6 élèves sont absents. Combien d'élèves sont présents ?

24 x 6   24 – 6   24 + 6

....

d Nicolas achète 2 tartelettes. Chaque tartelette coûte 1 € 30. Combien va-t-il payer ?

1 € 30 + 2   1 € 30 – 2   1 € 30 x 2

....

Utiliser addition et multiplication.
Combien possède chaque enfant ?
Éric : 2 billets de 5 € et 3 pièces de 2 €. Anna...

3 **Utilise** tous les nombres pour obtenir le nombre affiché.

246

| 2 | 4 | 100 | 5 | 10 | 1 |

(2 x 100) + (4 x ....) + (....... + ...) = 246

239

| 2 | 10 | 3 | 100 | 5 | 4 |

(..... x .....) + (..... x .....) + (..... + ...)

583

| 5 | 2 | 8 | 100 | 1 | 10 |

(..... x .....) + (..... x .....) + (..... + ...)

4 Pour chaque problème, **écris** l'opération qui convient. **Calcule** les résultats.

Marie a 125 € dans sa tirelire. Pour son anniversaire, sa grand-mère lui donne 25 €.
Quelle somme possède Marie maintenant ?

....

Un magasin de jouets reçoit 9 cartons contenant 11 jeux chacun.
Quel est le nombre de jeux reçus ?

....

Lucas a 36 €. Il voudrait acheter un jeu qui coûte 58 €.
Combien lui manque-t-il ?

....

Rappel

Complète le tableau de multiplication.

X	6	8	9	7	5
3	....	....	....	....	....
4	....	....	....	....	....

la petite question

Dans 1 h, c'est la sortie !
Quelle heure sera-t-il ?

....

Activité +

Par deux. Voici trois opérations : 15 + 4 15 x 4 15 – 4

Imagine un énoncé de problème pour chacune de ces opérations.

29 Mesurer en m et cm

Activité : Estimer puis mesurer des longueurs en mètres et en centimètres.

Retrancher un nombre à un chiffre sans franchir la dizaine.
45 – 2 ; 76 – 4…

1 Recherche

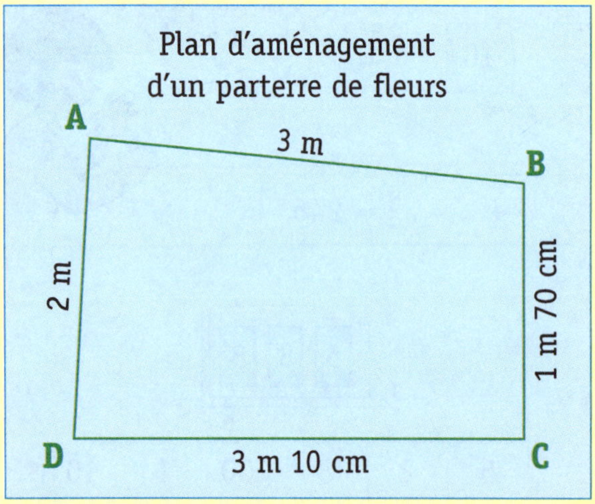

Les enfants veulent aménager un parterre de fleurs à l'école. Ce parterre a la forme d'un quadrilatère.

Observe le plan.
Recopie les mesures de chaque côté, **transforme-les** en cm.

AB = 3 m = 300 cm

BC = ……………………………………………

CD = ……………………………………………

DA = ……………………………………………

Calcule la longueur de la bordure qui entoure le parterre.

La bordure mesure

……… *m* ……… *cm.*

```
  3 0 0
+ . . .
+ . . .
+ . . .
-------
  . . .
```

Ils achètent une bordure de 10 m. Est-ce suffisant ? ………………

2 **Range** ces longueurs dans l'ordre croissant.

1 m 80 cm — 8 m 10 cm — 2 m — 75 cm

……………… ……………… ……………… ………………

3 **Transforme** en cm.

1 m = ……………………………

1 m 24 cm = ……………………………

1 m 8 cm = ……………………………

4 **Transforme** en m et en cm.

200 cm = ……………………………

245 cm = ……………………………

209 cm = ……………………………

5 **Ajoute** toujours 10 cm.

2 m 60 cm – 2 m 70 cm – ……………… – ……………… – ……………… – ……………… – 3 m 20 cm

Résoudre un problème additif ou soustractif.
Indique ce que chaque enfant a gagné ou perdu. Au début, ils ont 23 billes chacun. À la fin, Pierre a 27 billes, Léo a 20 billes…

6 **Effectue** les calculs.

1 m 50 cm + 20 cm = ... 4 m 10 cm + 2 m 50 cm = ...

2 m + 1 m 80 cm = ... 3 m 30 cm + 70 cm = ...

2 m 10 cm + 4 m + 1 m 80 cm = ...

7

Monsieur Duval a planté des arbustes le long du mur du jardin.
Voici la hauteur de ces arbustes :

2 m 40 cm | 180 cm | 2 m | 90 cm

Écris la hauteur qui convient sous chaque arbre.

....

8 Pour mesurer la distance entre deux arbres de la cour, Gaëtan a fait 10 pas de 60 cm. Quelle distance sépare les deux arbres (en cm ; en m) ?

....

....

9 Combien peut-on couper de bûches de 20 cm de long dans une branche de 1 m ?

....

....

....

Rappel

Entoure la mesure qui convient.

Une mouche :	1 mm	1 cm	1 m
Un crayon :	15 cm	1 m 50 cm	15 m
Un arbre :	20 m	20 cm	20 mm

la petite question

Le chat emporte un demi-mètre de boudin. Combien de cm ?

....

Mémo

Dans 1 mètre, il y a 100 centimètres.

1 m = 100 cm

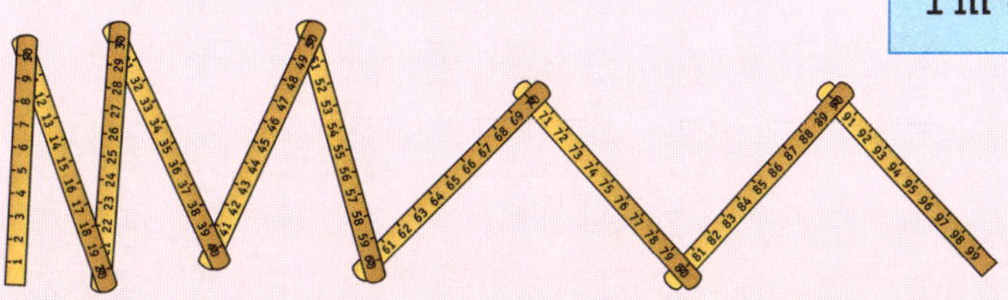

30 Bilan 2 numération - problèmes

1 **Calcul mental.** Résoudre une situation multiplicative.

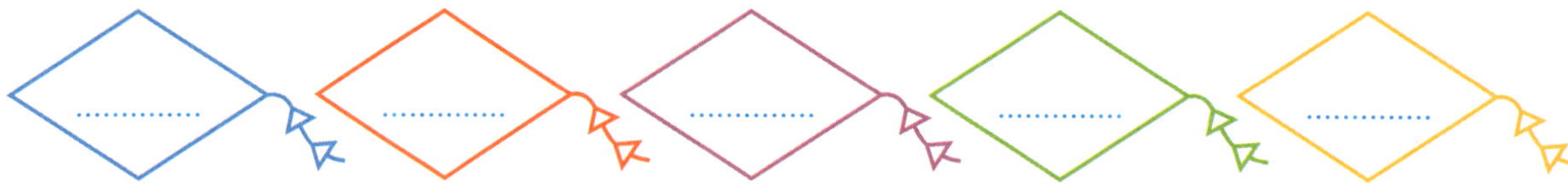

2 **Complète** les suites.

Ajoute 10	282 –	....	....	....	....
Ajoute 100	282 –	....	....	....	....

3 **Écris** les doubles.

	8	13	20	24	40	50	300
double	....	....	....	....	....	....	....

4 **Relie** les écritures d'un même nombre.

trois cent un •	• 240
deux cent quarante •	• 504
trois cent vingt-neuf •	• 301
cinq cent quatre •	• 329

5 **Compare** en utilisant les signes <, > ou =.

712 698

400 + 7 .... 4 + 700

40 + 120 .... 150 + 10

6 **Effectue** les calculs.

30 + 400 + 7 = ...

6 + 20 + 300 = ...

(100 x 6) + (10 x 4) + 2 = ...

746 – 46 = ...

746 – 240 = ...

746 – 235 = ...

7 Dans une course cycliste, 75 coureurs ont pris le départ. Deux heures plus tard, 11 coureurs ont abandonné. Combien de coureurs franchissent la ligne d'arrivée ?

....

....

....

8 Maman a acheté 2 paquets de 8 yaourts nature et 3 paquets de 6 yaourts aux fruits. Quel est le nombre de yaourts achetés ?

....

....

....

9 **Observe** ce tableau qui indique la hauteur des fleurs.

	digitale	marguerite	dahlia	rose trémière
hauteur	110 cm	60 cm	1 m 5 cm	2 m

Range ces mesures dans l'ordre croissant.

....

10 C'est le matin. **Écris** l'heure sous chaque réveil.

....

La séance de lecture a commencé à 9 h et s'est terminée à 10 h 15 min.

Combien de temps a duré cette séance ? .... h .... min ou .... min

11 **Indique** les angles droits.
Complète la phrase.

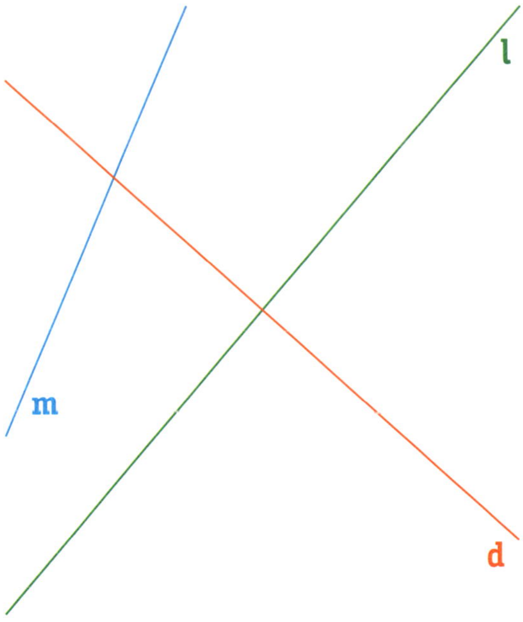

Les droites .... et .... sont perpendiculaires.

12 Où faut-il placer le point D pour que la figure ABCD soit un rectangle ?

(........ ; ....)

Place le point D.
Termine le rectangle ABCD.

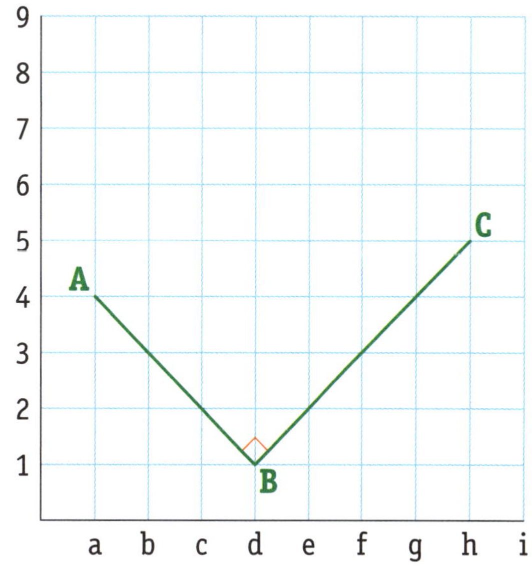

31 Se repérer dans l'année

Activité : Se repérer sur une frise « année » puis sur une frise « dix années ».

Décomposer un nombre à trois chiffres en centaines, en dizaines et en unités. 328 = 300 + 20 + 8

1 Recherche

Voici un procédé pour se souvenir du nombre de jours des mois de l'année.

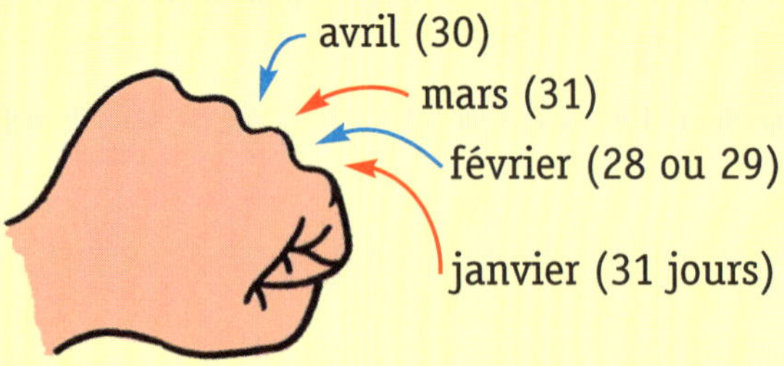

Utilise ce procédé et **complète** le tableau.

janvier : 31 jours	février :	....	....
mai :	....	juillet :	....
septembre :	....	novembre :	décembre : ....

Trouve le nombre de jours de cette année. **Utilise** ta calculatrice.

(30 × ....) + (31 × ....) + ... = ...

En quelle année sommes-nous ? ....

Est-ce une année bissextile ? ....

Recherche la définition du mot « bissextile » dans le dictionnaire.

2

Sur ce calendrier, quels seront les trois prochains jours ? **Écris-les** dans l'ordre.

....

....

....

3

Écris les dates en suivant le modèle.

7 mars 2008 : 07 / 03 / 2008

15 mai 2009 : ....

10 juillet 2005 : ....

2 août 2004 : ....

30 octobre 2007 : ....

25 décembre 2010 : ....

4

Sur le calendrier de cette année, **recherche** la date à laquelle débute chaque saison.

printemps : ....

automne : ....

été : ....

hiver : ....

Comparer des nombres à trois chiffres en justifiant sa réponse.
François ne doit pas transporter plus de 500 kg dans sa remorque.
Peut-il transporter 610 kg de sable ? un meuble de 180 kg ?

5 **Lis** la lettre. **Réponds** aux questions.

Le 5 janvier
Chère Karine,
Je viendrai passer quelques jours avec toi le mois prochain.
J'arriverai le 8 et je repartirai le 14.
A bientôt
Chloé

Quel jour arrivera Chloé ?

....

Quel jour repartira-t-elle ?

....

Combien de nuits couchera-t-elle chez Karine ?

....

6

mars

lun	mar	mer	jeu	ven	sam	dim
	1	2	3	4	5	6
7	8	9	10	11	12	13
14	15	16	17	18	19	20
21	22	23	24	25	26	27
28	29	30	31			

Pendant le mois de mars, les élèves vont avoir 5 séances d'initiation au théâtre, tous les jeudis après-midi. **Recherche** sur ce calendrier quel jour aura lieu la première séance.

....

À la dernière séance, il y aura une représentation.

Indique le jour : ....

7 **Lis** l'ordonnance.

Ordonnance
Prendre 2 comprimés par jour les 3 premières semaines du mois.

★ mois de mai ★

L	M	M	J	V	S	D
1	2	3	4	5	6	7
8	9	10	11	12	13	14
15	16	17	18	19	20	21
22	23	24	25	26	27	28
29	30	31				

Sur le calendrier, **entoure** chaque semaine de traitement. Combien faudra-t-il de comprimés ?

....

Rappel

Transforme en minutes.

1 h = ... min

une demi-heure = ... min

un quart d'heure = ... min

trois quarts d'heure = ... min

la petite question

Quelle est ta date de naissance ?

..... / ..... / ....

Mémo

Dans une année, il y a : 12 **mois** ;
365 **jours** ou 366 jours les années bissextiles ;
52 **semaines** entières de 7 jours.

32 Multiplication

Activité : Utiliser la distributivité de la multiplication dans un problème.

Ajouter un nombre < 10 avec passage à la dizaine supérieure.
8 + 4 ; 18 + 4 ; 48 + 4...

1 Recherche

Lis le problème et **observe** les méthodes de calcul de Matthieu et d'Aïcha.

Un carreleur a posé 5 rangées de 13 carreaux au-dessus d'un évier.

Quel est le nombre de carreaux posés ?

Matthieu

$13 \times 5 = (10 \times 5) + (3 \times 5)$

50 + 15

65

```
   1 3
 ×   5
 -----
   1 5  → 5 fois 3
   5 0  → 5 fois 10
 -----
   6 5
```

Aïcha

```
   1 3
 ×   5
 -----
   6 5
```

5 fois 3, ça fait 15. J'écris 5 unités et je retiens **1 dizaine**. 5 fois 1 dizaine, ça fait 5 dizaines, plus la dizaine retenue, ça fait 6 dizaines.

Effectue sur ton cahier avec la méthode d'Aïcha : 16×3

2 **Calcule** ces produits en décomposant.

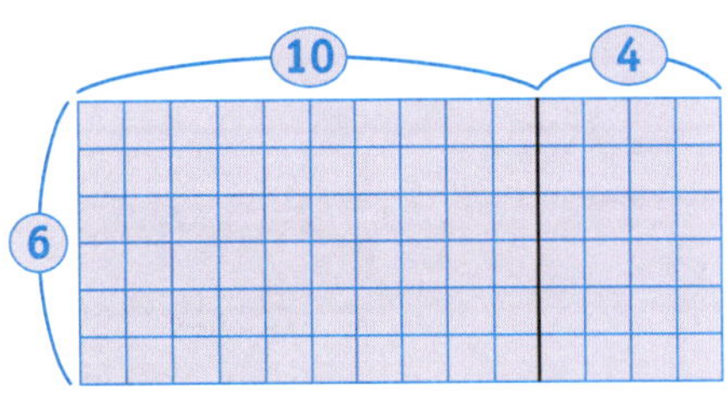

14 × 6 = (10 × ....) + (4 × ....)

.... + ... = ...

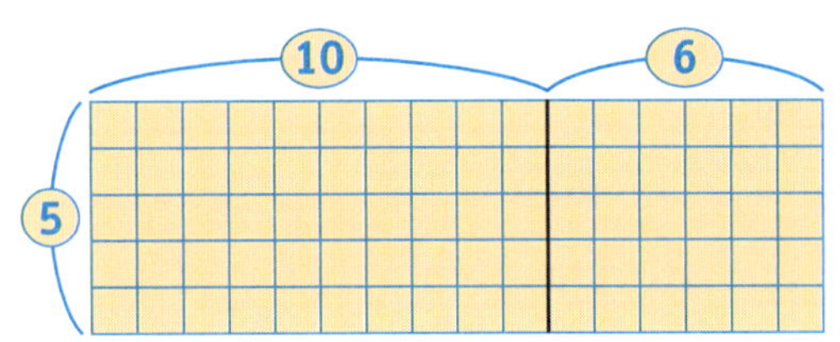

16 × 5 = (....... × ....) + (....... × ....)

.... + ... = ...

3 **Calcule** comme Aïcha.

```
   3 6      2 3      2 8      1 2 3      2 4 5
 ×   2    ×   4    ×   3    ×     4    ×     2
 -----    -----    -----    -------    -------
   . .      . .      . .      . . .      . . .
```

Résoudre une situation additive ou soustractive.
Au CP, il y a 12 garçons et 8 filles. Combien y a-t-il d'élèves dans la classe ?
Au CM1, il y a 25 élèves en tout, 10 sont des filles. Combien y a-t-il de garçons ?

4 **Effectue** les calculs. **Observe** l'exemple.

6 x 2 = 12	5 x 3 = ...	7 x 2 = ...	8 x 4 = ...
6 x 20 = 120	5 x 30 = ...	7 x 20 = ...	8 x 40 = ...

5 **Calcule** en décomposant.

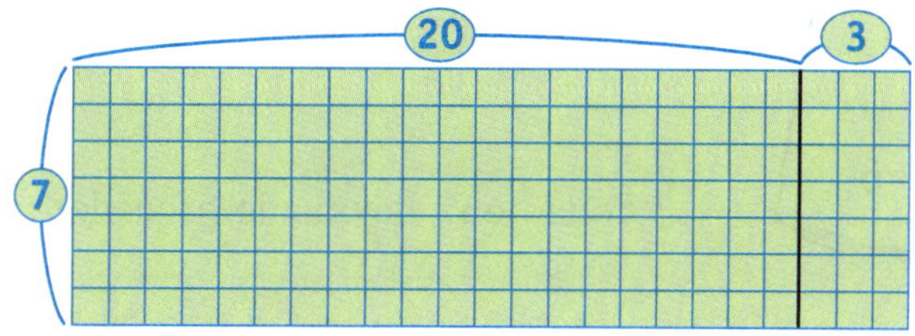

23 x 7 = (20 x ....) + (3 x ....)

.... + ... = ...

25 x 6 = (.......... x ....) + (.......... x ....) = ... + ... = ...

32 x 8 = (.......... x ....) + (.......... x ....) = ... + ... = ...

47 x 3 = (.......... x ....) + (.......... x ....) = ... + ... = ...

6 **Effectue** les multiplications.

1 8	2 7	1 3 9	2 0 8	3 7 6
x 3	x 4	x 2	x 3	x 2
. .	. . .	. . .	. . .	. . .

Rappel

Complète les égalités.

30 = 10 x	300 = 100 x ....
50 = 10 x	500 = 100 x ....
70 = 10 x	700 = 100 x ....
80 = 10 x	800 = 100 x ....

la petite question

Quels sont les chiffres qui manquent ?

★ 2
x ☾
1 2 8

☾ = ...
★ = ...

Mémo

28 x 3

(20 x 3) + (8 x 3)

	2 8
x	3
	8 4

3 fois 8u = 24u, on écrit 4 et on retient **2 dizaines**.

3 fois 2d = 6d   6d + 2d = 8d

33 Utiliser la calculatrice

Activité : Juger de la pertinence de l'utilisation de la calculatrice.

Ajouter un nombre à un chiffre avec passage à la dizaine supérieure.
27 + 7 ; 17 + 6...

1 Recherche

Gaëtan a trouvé cette opération sur un carnet.
Un nombre est effacé. Gaëtan veut le retrouver.
Comment va-t-il faire ?

Voici deux façons de procéder :

par soustractions successives

986 − 315 − 96 − 192 = ...

en calculant d'abord le début de l'addition

315 + 96 + 192 = ...

et en faisant ensuite une soustraction

986 − .... = ...

Écris sur le carnet le nombre que tu as trouvé. **Vérifie** en refaisant l'addition.

2 **Place** le résultat qui convient pour chaque opération. **Utilise** la calculatrice.

2 807 — 4 824 — 3 850 — 1 260

3 605 − 798 = ...

275 x 14 = ...

134 x 4 x 9 = ...

728 + 396 + 136 = ...

3 Pour ces opérations, il manque les signes +, −, x.

Trouve et **écris** ces signes sur les touches. **Vérifie** avec ta calculatrice.

286 [.......] 39 = 247

971 [.......] 376 = 1 347

405 [.......] 187 = 592

124 [.......] 3 = 372

86 [.......] 2 = 172

901 [.......] 671 = 230

Résoudre une situation additive ou soustractive ordinale.
Un pion part de 61 et arrive à 59. Avance-t-il ou recule-t-il ? De combien de cases ? Un pion part de 16 et arrive à 22…

4 **Calcule** la masse totale de ce chargement.

Compare les résultats obtenus.

Sans utiliser ta calculatrice. ....

En utilisant ta calculatrice. ....

5 **Vérifie** que les trois opérations ont le même résultat. Tu peux utiliser ta calculatrice.

906 – 458 = ...

906 – 400 – 50 – 8 = ...

906 – (400 + 50 + 8) = ...

738 – 296 = ...

738 – 45 – 159 – 92 = ...

738 – (45 + 159 + 92) = ...

6 **Trouve** par combien on a multiplié 86 pour obtenir 516.

86 × .... = 516

Trouve trois nombres qui se suivent et qui ont pour somme 36.

....

Rappel

Coche quand tu calcules plus vite sans calculatrice.

100 + 100 + 40 = ... ☐

375 + 217 + 16 = ... ☐

246 × 9 = ... ☐

608 – 100 = ... ☐

la petite question

Quelle touche efface le nombre qui vient d'être affiché, sans éteindre ta calculatrice ? Dessine-la.

☐

Activité

Par deux. Apprendre une table de multiplication avec la calculatrice.

Je dis : *8 fois 6* et je tape 8 × 6.

Tu donnes la réponse. 48

Je tape =

On compare le résultat affiché avec ta réponse.

On échange les rôles.

34 Le cercle

Activité : Construire des cercles par différents procédés.

Calculer des compléments de dizaines, de centaines. Combien faut-il ajouter à 20 pour obtenir 50 ? à 100 pour obtenir 400 ?

1 Recherche

Trois cercles ont été partagés en demi-cercles.
Retrouve les demi-cercles qui vont ensemble.

.... et ....

.... et ....

.... et ....

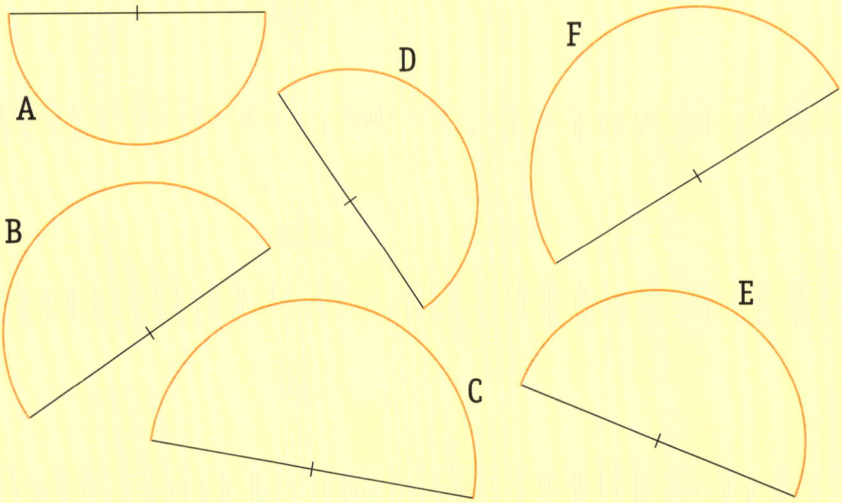

....

2 **Observe** cette figure. **Repère** la distance des points par rapport au centre O du cercle.

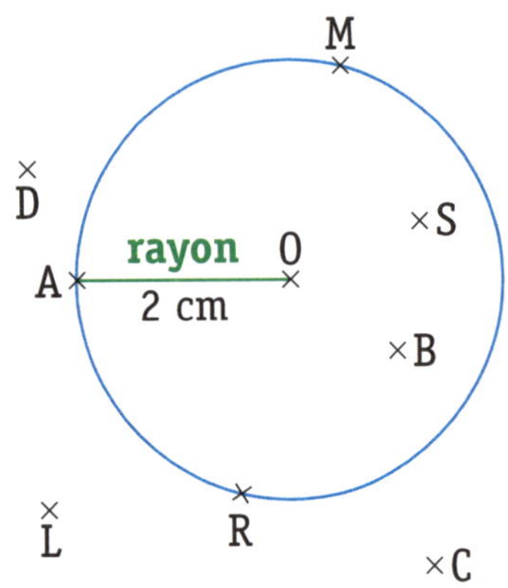

Complète le tableau sans effectuer de mesure.

points situés à 2 cm du centre O	....
points situés à plus de 2 cm du centre O	....
points situés à moins de 2 cm du centre O	....

Trace en rouge le segment MR.
Il passe par le centre O : c'est un **diamètre**.

Quelle est la longueur du diamètre ? ....

3 Sur une feuille de papier-calque, **trace** un cercle de centre O et de rayon 6 cm.

Trace un **diamètre** de ce cercle.

Plie en suivant ce diamètre. Que remarques-tu ?

....

Compléter un multiple de 5 à 60.
Un nageur s'entraîne une heure (60 min). Combien de temps lui reste-t-il à nager après 5 min d'entraînement ? 10 min ? … 55 min ?

4 **Continue** la construction.

Sur cette figure, **trace** le rayon OA.

Trace un cercle de centre A et qui passe par le point O.

Les deux cercles se coupent en deux points.

Nomme ces points M et N.

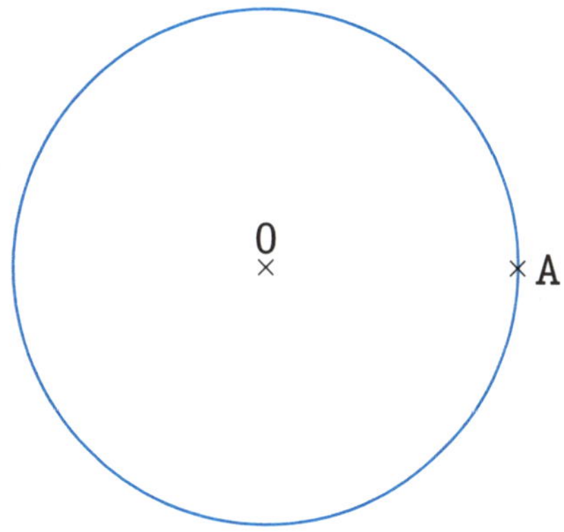

5 **Reproduis** cette figure : il faut tracer quatre demi-cercles. **Colorie.**

Rappel

Termine le tracé du rectangle ABCD.

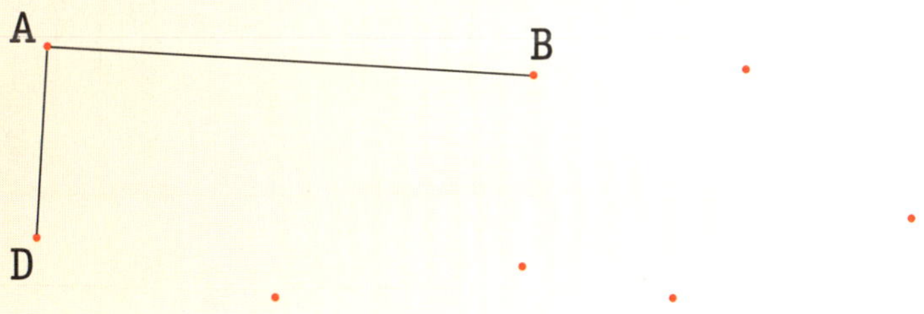

la petite question

Quelle lettre se trouve à l'intérieur des deux cercles ?

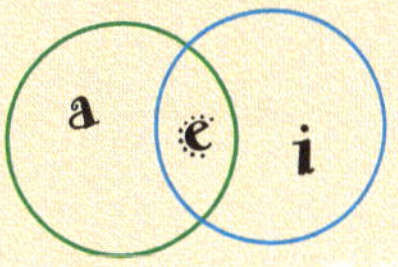

…………

Mémo

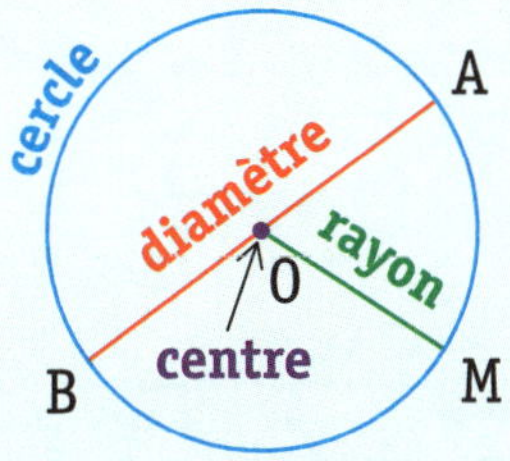

Tous les points d'un cercle sont à la même distance du **centre**.

Le **rayon** relie le centre à un point du cercle.

Le **diamètre** passe par le centre et relie deux points du cercle.

35 Nombres à quatre chiffres

Activité : Évaluer les connaissances des élèves sur les nombres à quatre chiffres.

Ajouter entre elles des unités, des dizaines et des centaines. 3 + 2 ; 30 + 20…

1 Recherche

Rachid est le champion du jeu de billes. **Aide-le** à compter son stock de billes. Il fait toujours des paquets de 10.
Quand il a 10 paquets de 10, il fait un paquet de 100.
Quand il a 10 paquets de 100, il fait un paquet de 1 000.

Voici son stock.

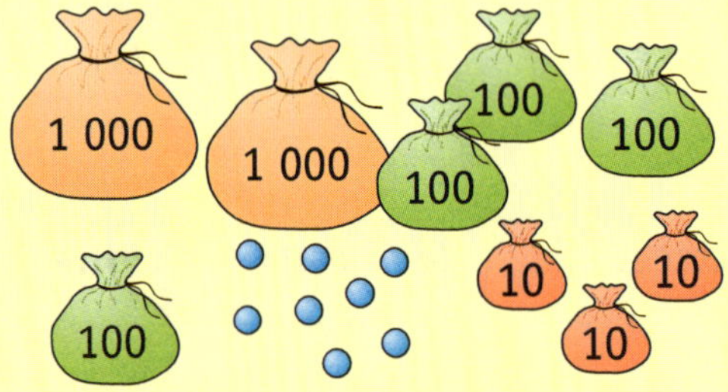

Complète.

Il a …… paquets de …………

………… paquets de …………

………… paquets de …………

………… billes non groupées.

Calcule le nombre de billes.

1 000 + ……… + ……… + ……… + ……… + ……… + ……… + ……… + ……… + ………

(1 000 x ………) + (100 x ………) + (10 x ………) + ……

……… + ……… + ……… + ………

Complète.

m	c	d	u
.	.	.	.

2 **Place** ces nombres sous les abaques puis en face des écritures en lettres.

4 205
3 162
5 024
3 450

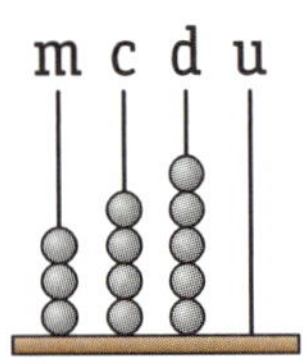

………………

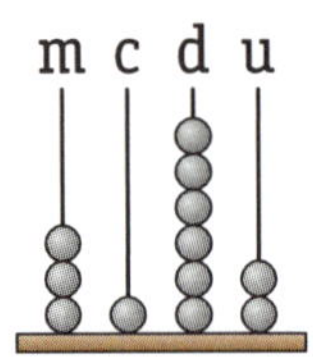

………………

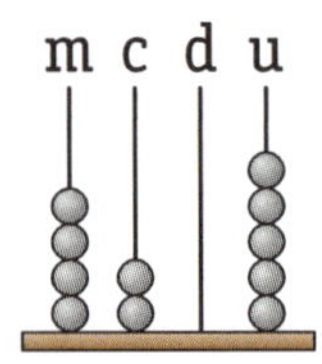

………………

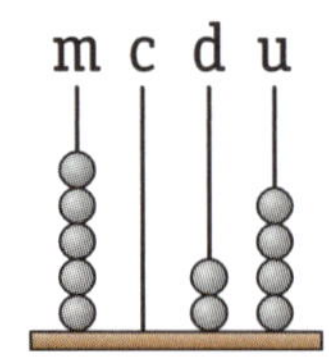

………………

trois mille quatre cent cinquante : …………

trois mille cent soixante-deux : …………

quatre mille deux cent cinq : …………

cinq mille vingt-quatre : …………

3 **Lis** ces nombres. **Écris-les** en lettres.

4 619 : ……………………………………………………………………

8 224 : ……………………………………………………………………

2 039 : ……………………………………………………………………

Ajouter une durée.
Un gâteau doit cuire 20 minutes. À quelle heure doit-on le sortir du four si on le met à 10 h 10 ? à 10 h 15 ?…

4 **Décompose** les nombres.

2 467 = 2 000 + 400 + 60 + 7

6 923 = ...

7 041 = ...

3 009 = ...

5 **Effectue** les calculs.

4 000 + 200 + 30 + 4 = ...

3 + 200 + 30 + 5 000 = ...

7 000 + 70 + 5 = ...

40 + 400 + 6 000 = ...

6 **Indique** le score de chaque joueur.

1 000
100
10
1

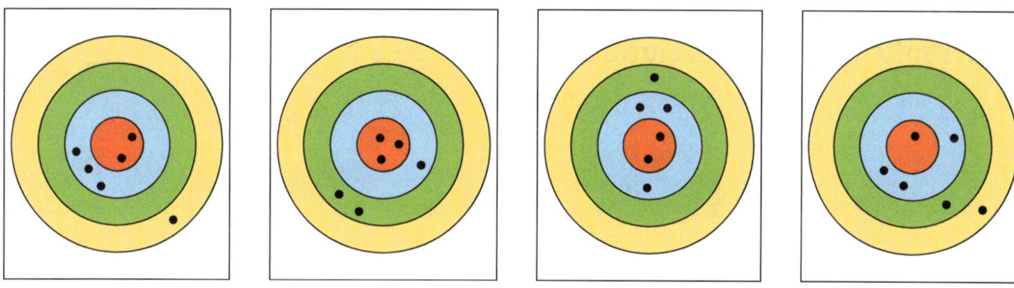

Scores : ....

Range ces nombres dans l'ordre croissant.

....	....	....	....

7 Un couvreur a reçu 2 palettes de 1 000 tuiles pour recouvrir un toit. À la fin, il lui reste 4 paquets de 100 tuiles. Combien a-t-il utilisé de tuiles pour recouvrir le toit ?

....

Rappel

Effectue les multiplications.

$$\begin{array}{r} 15 \\ \times\ 6 \\ \hline \ldots \end{array} \qquad \begin{array}{r} 28 \\ \times\ 4 \\ \hline \ldots \end{array} \qquad \begin{array}{r} 48 \\ \times\ 3 \\ \hline \ldots \end{array} \qquad \begin{array}{r} 256 \\ \times\ 2 \\ \hline \ldots \end{array}$$

la petite question

Je suis un nombre à quatre chiffres qui sont tous les mêmes. La somme de mes chiffres est 4. Qui suis-je ?

....

Mémo

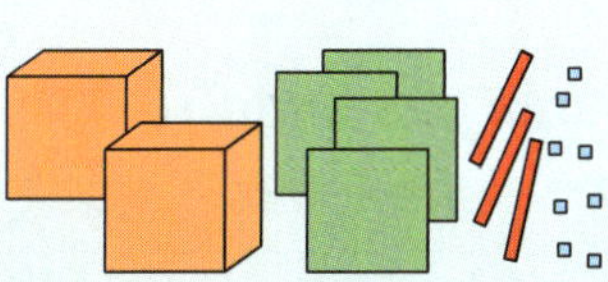

m	c	d	u
2	4	3	8

deux mille quatre cent trente-huit

2 milliers 4 centaines 3 dizaines 8 unités

2 438 = 2 000 + 400 + 30 + 8

2 438 = (1 000 x 2) + (100 x 4) + (10 x 3) + 8

36 Problèmes

Activité : Repérer les renseignements nécessaires pour répondre à une question.

Ajouter des dizaines à un nombre à deux chiffres.
32 + 10 ; 32 + 20…

1 Recherche

Lis le problème.

Jeanne est allée courir au stade. Elle est arrivée à 9 h. Elle a fait 3 fois le tour de la piste. La piste mesure 600 m. Elle est repartie du stade à 10 h 30 min. Sur le chemin du retour, elle a acheté un gâteau 1 € 10.

1) Quelle distance a-t-elle parcourue ?

2) Combien de temps est-elle restée au stade ?

Recopie les renseignements utiles pour répondre :

à la question 1) :

……………………… ………………………

à la question 2) :

……………………… ………………………

Réponse 1) :

……………………………………………………………

……………………………………………………………

Réponse 2) :

……………………………………………………………

……………………………………………………………

2

Pour chaque problème, **recopie** les renseignements utiles pour répondre à la question posée. **Écris** la réponse.

● Le grand-père de Sophie a arrosé 75 salades. Il a planté 2 rangées de 25 poireaux. Chaque rangée mesure 5 m de longueur.
Combien de poireaux a-t-il plantés ?

Renseignements utiles :

……………………… ………………………

Réponse : ……………………………………………

……………………………………………………………

● Moussa part à 10 h faire des achats. Il achète pour 5 € de chocolats et 2 gâteaux qui coûtent 1 € 30 chacun. Dans son porte-monnaie, il a 15 €. Il revient à 11 h 20 min à la maison.

1) Combien a-t-il dépensé ?

2) Combien de temps a-t-il mis pour faire ses achats ?

Renseignements utiles pour la question 1) :

……………………… ……………………… ………………

Réponse : ……………………………………………

Renseignements utiles pour la question 2) :

……………………… ………………………

Réponse : ……………………………………………

Résoudre une situation additive sur la monnaie.
La maman de Victor retire de l'argent au distributeur. Elle a déjà 32 € dans son porte-monnaie. Combien aura-t-elle après si elle retire 40 € ? 50 € ?

3 **Lis** le document. **Réponds** aux questions.

Découvrez les paysages de montagne avec le petit train de Thunes

départs	retours
10 h	12 h
14 h	16 h
16 h	18 h

tarif : 6 € adulte
3 € enfant

ouvert du 1er juin au 30 septembre

Combien de temps dure la promenade en train ?

....

Un groupe de 7 enfants avec un moniteur prennent le train. Combien vont-ils payer ?

....

Est-il possible de faire cette promenade au mois de mai ?

....

4 **Regarde** les prix et **réponds** aux questions.

Aïcha a acheté la jupe et le sweet. Combien va-t-elle payer ? ....
Inès a payé avec un billet de 20 € et on lui a rendu 2 €. Quel vêtement a-t-elle acheté ?

....

Rachid a acheté deux vêtements et a payé 66 € 50. Qu'a-t-il acheté ? ....

....

Rappel

Écris les nombres en utilisant ces étiquettes.

trente | cent | deux | mille | cinq | quatre | douze

2 504 : ....

5 412 : ....

5 030 : ....

la petite question

Combien y a-t-il de petits cubes dans ce grand pavé ?

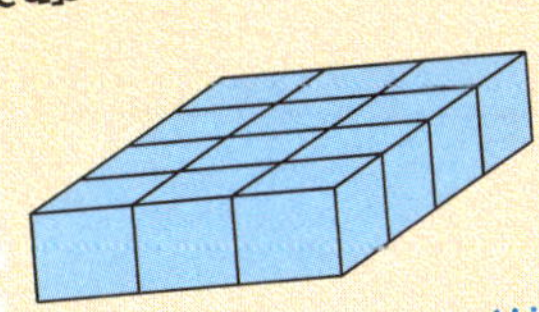

....

Par groupes. Écrire trois autres questions sur l'exercice 4.

Échanger les questions avec un autre groupe et **répondre**.

Activité +

1 2 3 4 5 6 7 8 9 10

Colorie quand tu as réussi

1 **Barre** l'écriture inexacte.

3 209

trois cent vingt-neuf

trois mille deux cent neuf

2 **Barre** l'intrus.

2 625

600 + 2 000 + 5 + 20

2 000 + 600 + 20 + 5

262 + 5

3 **Entoure** l'écriture multiplicative de 27.

27

3 x 9

2 x 7

20 x 7

4 Dans 40 combien de fois 8 ?

Entoure la bonne réponse.

2 fois 4 fois 5 fois 6 fois

5 Quelle heure est-il ?

Entoure l'heure qui convient.

3 h 50 min

10 h 15 min

6 **Place** le chiffre qui manque dans le résultat.

```
  2 8
x   3
-----
  . 4
```

6

7

8

7 Aujourd'hui, on est le 28 avril. Comme chaque semaine, le même jour, la classe de CE2 va à la piscine. Quelle était la date de la séance précédente ?

Entoure. 21/04 06/05

8 Combien de jours y a-t-il dans 2 semaines ?

Entoure le nombre exact.

15 14 20

9 On met la pointe du compas sur le point O et on trace un cercle avec cet écartement.

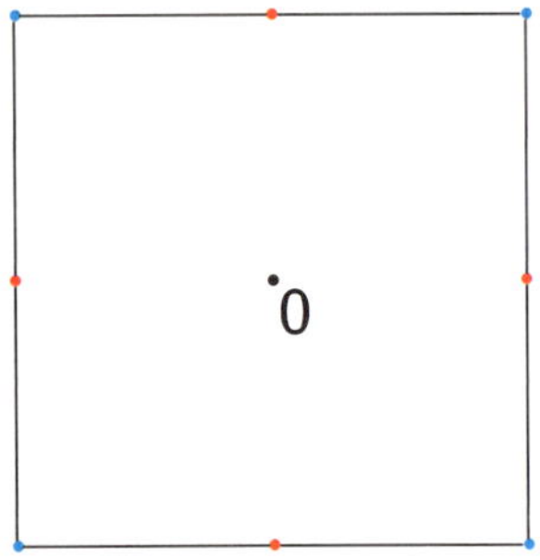

Le cercle va passer :

par les points bleus

par les points rouges

Barre ce qui est faux.

10 Au cross des écoles, il y a 127 élèves. Ils doivent faire 5 tours de stade. Un tour mesure 200 m de longueur. Quelle distance vont-ils parcourir ?

Barre le renseignement inutile pour répondre à la question.

127 5 200

1 **Reproduis** et **colorie** ces deux figures en plus grand. Les points sont des centres de cercles.

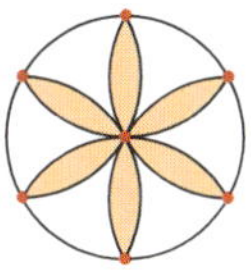

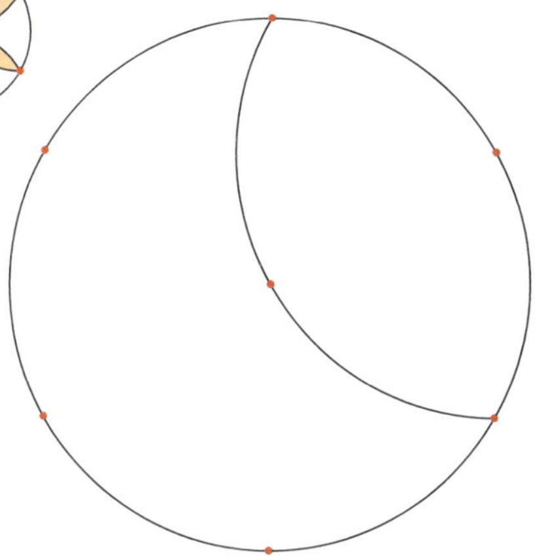

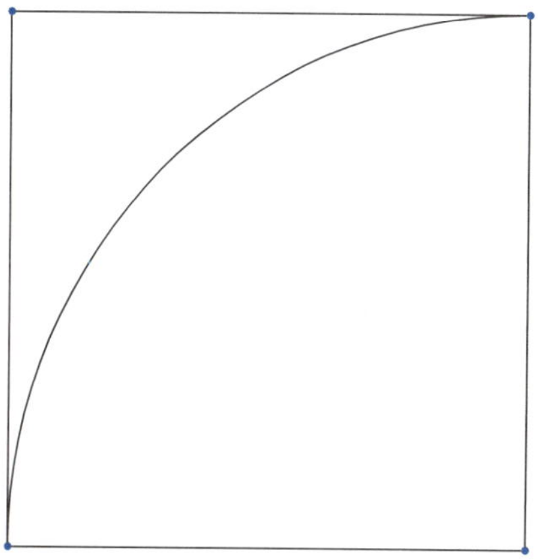

2 **Colorie** le trajet qui conduit au sommet de la pyramide. Il faut suivre le chemin des multiples de 9.

3 Jeu d'adresse : 3 anneaux à lancer.

vaut 20

vaut 10

vaut 5

Écris toutes les possibilités de score.

25	....	....	....	....	....	....	....

39 Nombres à quatre chiffres

Activité : Expliquer la transformation des écritures de 99 à 100 et de 999 à 1000.

Écrire un nombre < 10 000 sous la dictée

1 Recherche

Observe cette carte d'Europe. Elle indique les distances à « vol d'oiseau » de Paris à d'autres capitales.

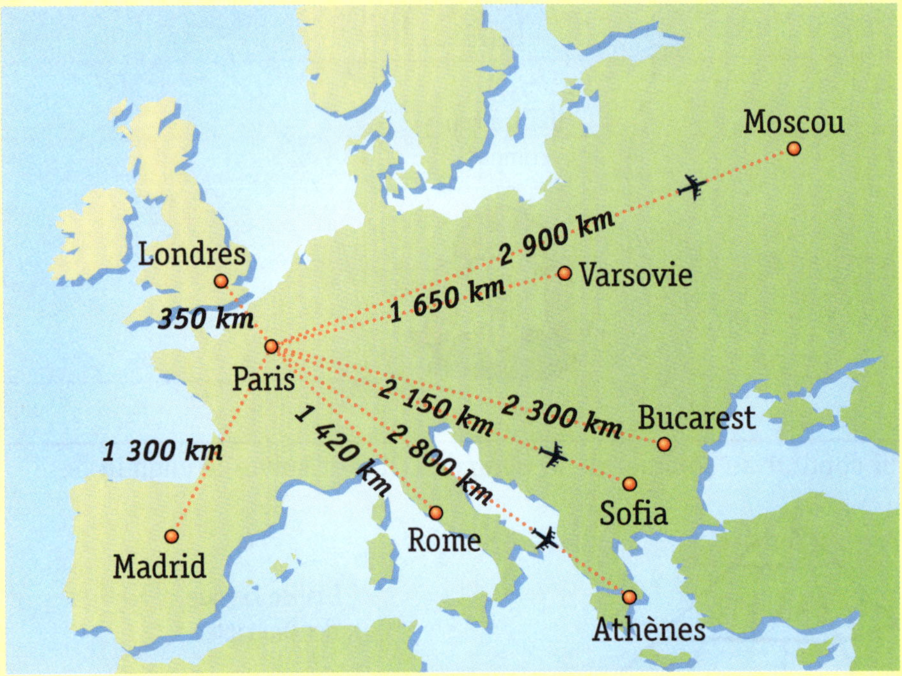

Recopie ces distances.

Paris-Varsovie : .... km

Paris-Londres : .... km

Paris-Bucarest : .... km

Paris-Moscou : .... km

Paris-Rome : .... km

Range les distances recopiées dans l'ordre croissant.

....

Un avion a parcouru 2 600 km aller-retour. Dans quelle ville est-il allé ? ....

2

Continue les suites. **Ajoute** 1.

498 – .... – .... – ....

998 – .... – .... – ....

1 998 – .... – .... – ....

1 098 – .... – .... – ....

3

Écris le nombre qui précède et le nombre qui suit.

....	1 300	....
....	2 100	....
....	4 001	....

Comparer une somme à un nombre à deux chiffres.
Pour acheter un jeu à 59 €, Tom et Clémentine réunissent leur argent.
Peuvent-ils acheter ce jeu s'ils ont 20 € et 40 € ? 25 € et 30 € ?

4 **Complète** les égalités en t'aidant de la ligne des nombres.

0 — 100 — 200 — 300 — 400 — 500 — 600 — 700 — 800 — 900 — (1 000) — 1 100

500 + ... = 1 000	600 + ... = 1 000	300 + ... = 1 000
800 + ... = 1 000	900 + ... = 1 000	100 + ... = 1 000

5 **Situe** les nombres entre les centaines les plus proches.

1 780 est situé entre 1 700 et 1 800.

2 356 est situé entre .... et ....

6 813 est situé entre .... et ....

3 150 est situé entre .... et ....

6 **Barre** le nombre qui ne convient pas.

2 136 est plus proche de 2 000 / 3 000

4 950 est plus proche de 4 000 / 5 000

7 **Encadre** les nombres par les milliers et les centaines les plus proches.

1 900 — **2 000** — 2 100 — 2 200 — 2 300 — 2 400 — 2 500 — 2 600 — 2 700 — 2 800 — 2 900 — **3 000**

(2 418)

entre les milliers	entre les centaines
2 000 < 2 418 < 3 000	2 400 < 2 418 < 2 500
.... < 2 823 <	.... < 2 823 < ....
.... < 4 764 <	.... < 4 764 < ....

Rappel

Calcule.

1 000 + 1 000 + 1 000 + 1 000 = ...

1 000 x 4 = ...   1 000 x 5 = ...

6 x 1 000 = ...   3 x 1 000 = ...

la petite question

Je suis le plus grand des nombres à quatre chiffres.
Qui suis-je ?
....

Activité +

Écris tous les nombres à quatre chiffres qu'il est possible d'écrire avec ces chiffres.
Il y en a 8 ! **Range-les** dans l'ordre croissant.

mille	centaines	dizaines	unités
3	8 2	4 0	6 1

40 Écart – Différence

Activité : Faire calculer des écarts dans des situations concrètes.

Ajouter des unités ou des dizaines à un nombre à deux chiffres.
35 + 3 ; 35 + 30...

1 Recherche

Lis le prix des articles présentés dans ce magasin.

Calcule la différence de prix entre les deux cerfs-volants.

....

Calcule la différence de prix entre les deux paires de rollers.

....

Compare avec tes camarades ta façon de calculer ces différences.

Dimitri achète le cerf-volant et les rollers les moins chers. Combien va-t-il payer ?

....

2 **Trouve** les écarts.

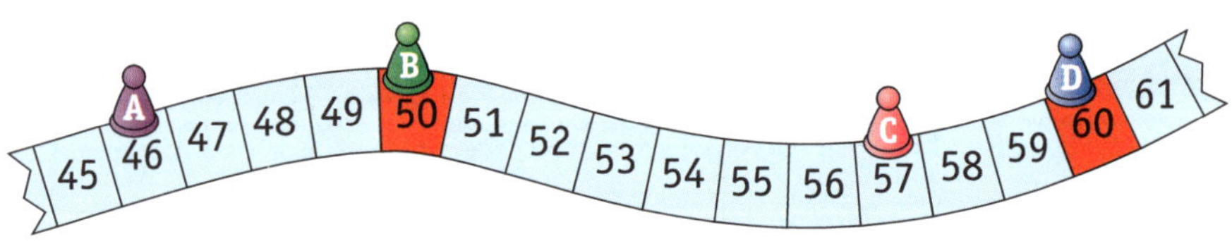

de A à B : 4

de B à D : ..... de C à D : ..... de B à C : ..... de A à C : ..... de A à D : .....

3 **Trouve** la différence de longueur entre les segments.

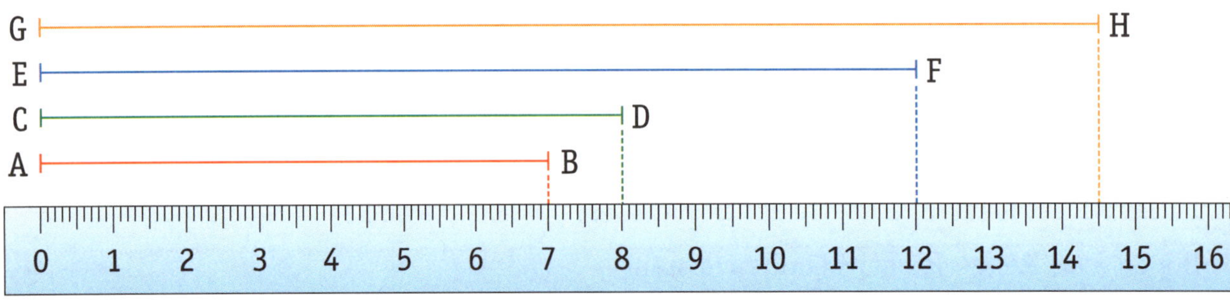

entre **AB** et **CD** : .... entre **AB** et **EF** : ....

entre **CD** et **EF** : .... entre **EF** et **GH** : ....

Calculer le cardinal d'une collection.
Pour chaque espèce, calcule la quantité de plants vendus : 7 bottes de 100 poireaux, 10 bottes de 50 choux-fleurs, 2 douzaines d'aubergines…

4 **Recopie** les températures dans le tableau et **calcule** l'écart.

Températures en degrés sous abri (9 h ; 14 h) :

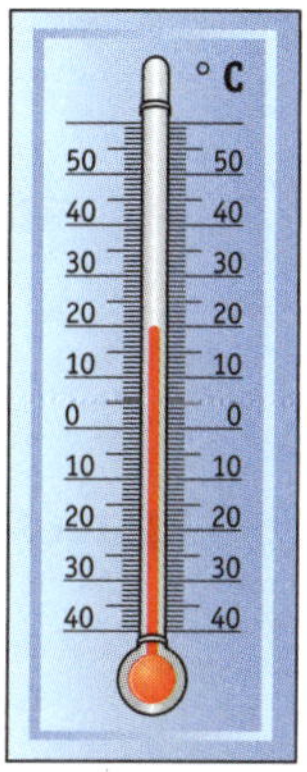

Ajaccio : (17 ; 28)

Bordeaux : (13 ; 24)

Lille : (12 ; 20)

Lyon : (11 ; 23)

Paris : (10 ; 22)

Toulouse : (13 ; 26)

	9 h	14 h	écart
Ajaccio	17	28	11
Bordeaux	....	....	....
Lille	....	....	....
Lyon	....	....	....
Paris	....	....	....
Toulouse	....	....	....

5 Ce diagramme indique les ventes de VTT d'une usine pendant 6 mois.

Complète le tableau des ventes.

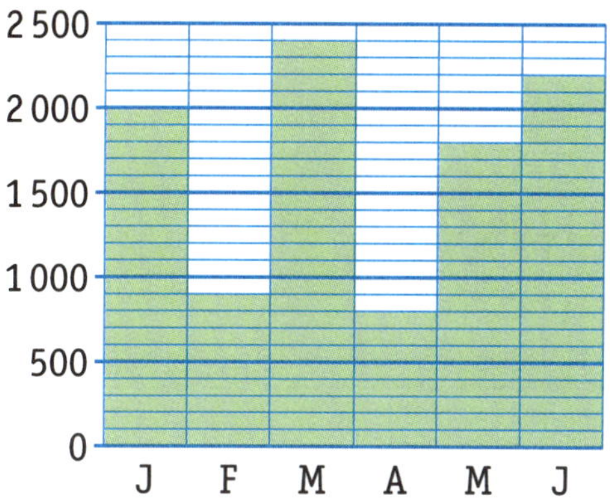

janvier	février	mars	avril	mai	juin
....	....	....	....	....	....

Calcule la différence des ventes :

entre janvier et mars ....

entre avril et mai ....

entre mai et juin ....

Rappel

Effectue les calculs.

(5 x 4) + (6 x 3) = ... + ... = ...

(8 x 9) + (4 x 2) = ... + ... = ...

(5 x 6) – (4 x 5) = ... – .... = ...

(6 x 8) – (7 x 4) = ... – .... = ...

la petite question

Quelle est la différence de masse ? ....

Activité

Relève la température extérieure au même endroit pendant une semaine à deux moments de la journée (à 9 h ; à 14 h).

Calcule l'écart. **Construis** un tableau.

	9 h	14 h	écart
lundi			

41 Mesurer des masses

Activité : Observer et décrire différents instruments de mesure de masse.

Ajouter entre elles des dizaines.
40 + 20 ; 140 + 20…

1 Recherche

On a versé le contenu de la boîte de sucres en morceaux sur le plateau de la balance.

Complète : Le sucre pèse 1 kg ou .... grammes.

Calcule le total des masses marquées de la boîte.

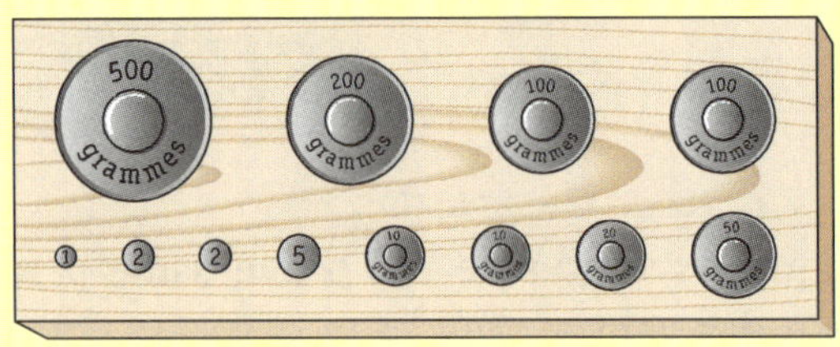

500 + 200 + 100 + ... + ... + ... + ... + ... + ... + ... + ... +

.... + ... = ... g

Avec la balance Roberval de la classe, **effectue** des pesées (livre, trousse…).
Écris tes résultats sur ton cahier.

2 **Écris** la masse de chaque colis.

2 kg 400 g = ... g

.... = ...

3 Quatre enfants se sont pesés. Combien pèse chacun d'eux ?

Lan : .... kg   Nicolas : ....   Inès : ....   Marc : ....

Compléter à 60.
Combien manque-t-il à chaque enfant pour acheter un jeu vidéo à 60 €. Adrien a 50 € ; Claire a 52 €…

4 **Transforme** les mesures.

en g		en kg et en g	
5 kg =	....	6 000 g =	....
5 kg 180 g =	....	3 240 g =	....
3 kg 250 g =	....	5 800 g =	....
6 kg 860 g =	....	7 080 g =	....

5 **Observe** les balances. **Calcule** la masse du paquet bleu.

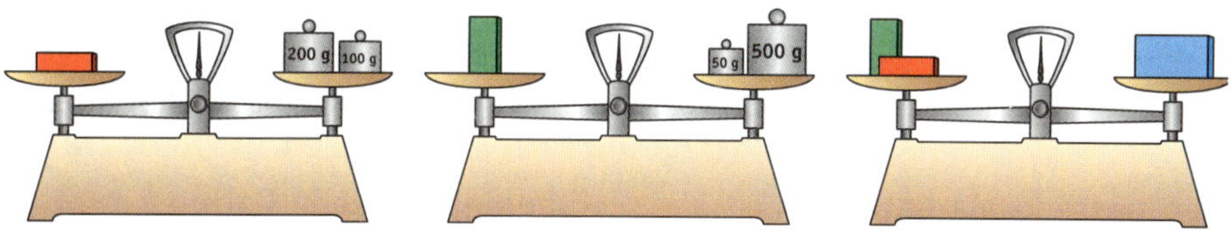

masse du paquet bleu :

....

6 Pour réaliser cette recette, Louis a posé sur la table 1 kg de farine, une plaquette de 250 g de beurre, une douzaine d'œufs et un paquet de levure.

Calcule ce qui lui reste après avoir fait la brioche.

Brioche
300 g de farine
170 g de beurre
4 œufs
1 paquet de levure

Il reste :

farine : ....

beurre : ....

œufs : ....

levure : ....

Rappel

Effectue les calculs.

5 000 + 300 + 50 = ...	2 000 + 51 = ...

6 000 + 400 + 9 = ...	1 000 + 723 = ...

(3 x 1 000) + 300 + 50 + 2 = ...

4 000 + (2 x 100) + 30 + 7 = ...

la petite question

Fatou pèse 27 kg.
Cheng pèse 33 kg.

J'ai 3 kg de différence avec Fatou et Cheng.

Paul pèse : .... kg

Mémo

Les principales **unités de masse** sont le **gramme** (**g**) et le **kilogramme** (**kg**).

Pour effectuer une pesée, on utilise une balance.

1 kg = 1 000 g

42 Calcul réfléchi

Activité : Observer la variation d'un écart.

Revoir les tables de 2, de 3, de 4 et de 5.
4 fois 5 ; 4 fois 8…

1 Recherche

Complète les réponses.

Margaux et Coline comparent l'argent qu'elles possèdent dans leur tirelire.

Margaux possède ……………

Coline possède ……………

Calcule la différence : ……… – ……… = ………

Leur grand-mère leur donne 10 € à chacune.

Maintenant, combien possède Margaux ? …………… Combien possède Coline ? ……………

Calcule la différence : ……… – ……… = ………

Que remarques-tu ? ……………………………………………………………………………………

2 **Effectue** ces calculs.

85 – 34 = ……………

(85 + 10) – (34 + 10)

…………… – …………… = ……………

264 – 152 = ……………

(264 + 100) – (152 + 100)

…………… – …………… = ……………

3 **Complète** les suites.

Enlève 1 :	2 582	…………	…………	…………
Enlève 10 :	3 726	…………	…………	…………
Enlève 100 :	4 285	…………	…………	…………
Enlève 1 000 :	3 109	…………	…………	…………

4 **Complète** les égalités.

9 + ……. = 12
12 – 9 = …….
8 + ……. = 15
15 – 8 = …….

7 + ……. = 11
11 – 7 = …….
8 + ……. = 14
14 – 8 = …….

6 + ……. = 11
11 – 6 = …….
9 + ……. = 17
17 – 9 = …….

Utiliser la table de multiplication par 4.
Quelle est la longueur du tour d'un carré si un côté mesure 3 cm ? 4 cm ? 5 cm ?...

5 **Calcule** le double de ces nombres.

Double de 58 : 116

Double de 64 : ....

Double de 140 : ....

Double de 107 : ....

Double de 210 : ....

Double de 230 : ....

6 **Calcule** la moitié de ces nombres.

Moitié de 128 : 64

Moitié de 84 : ....

Moitié de 140 : ....

Moitié de 410 : ....

Moitié de 208 : ....

Moitié de 240 : ....

7 Un confiseur a mis 85 chocolats dans une première boîte et le double dans une deuxième boîte.
Écris le nombre de chocolats sur la deuxième boîte.

Un pâtissier a préparé 216 gâteaux.
À midi, il en a vendu la moitié.
Combien lui reste-t-il de gâteaux à vendre ?

....

....

Rappel

Pose et **effectue** les soustractions.

785 − 374   886 − 724   989 − 75

	7	8	5
−	3	7	4
	.	.	.

la petite question

Quelle est la moitié du double de 10 ?

....

Activité +

Continue cette suite en doublant toujours le dernier nombre.

Écris les dix nombres suivants.

Utilise ta calculatrice quand tu en as besoin.

1 2 4 8 ....

43 Soustraction

Activité : Comparer deux nombres pour écrire leur différence.

Revoir les tables de 3 et de 4.
3 fois 4 ; 4 fois 5…

1 Recherche

Lis le problème.

Observe les deux méthodes pour faire la soustraction.

Hugo a des billes en terre et des billes en verre.
En tout, il y a 582 billes. 239 billes sont en terre.
Combien a-t-il de billes en verre ?

Jeanne

c	d	u
	7	
5	~~8~~	1 2
– 2	3	9
3	4	3

2 u – 9 u, impossible !
Je prends 1 dizaine, je la transforme en 10 unités.
12 u – 9 u = 3 u
7 d – 3 d = 4 d

Lan

c	d	u
5	8	1 2
– 2	3 (+1)	9
3	4	3

2 u – 9 u, impossible !
J'ajoute 10 unités à 2 unités mais je dois aussi ajouter 1 dizaine à 3 dizaines.
12 u – 9 u = 3 u
8 d – 4 d = 4 d

Vérifie la soustraction en faisant une addition.

$$\begin{array}{r} 343 \\ +\ 239 \\ \hline \ldots \end{array}$$

2 Effectue les soustractions. Vérifie en faisant une addition.

$$\begin{array}{r} 971 \\ -\ 528 \\ \hline \ldots \end{array} \qquad \begin{array}{r} 763 \\ -\ 249 \\ \hline \ldots \end{array} \qquad \begin{array}{r} 852 \\ -\ 748 \\ \hline \ldots \end{array}$$

3 Quel est le chiffre qui manque ? **Complète.**

$$\begin{array}{r} 292 \\ -\ 188 \\ \hline 10\,. \end{array}$$ 4 ou 6

$$\begin{array}{r} 581 \\ -\ 239 \\ \hline 34\,. \end{array}$$ 8 ou 2

$$\begin{array}{r} 931 \\ -\ 408 \\ \hline 52\,. \end{array}$$ 7 ou 3

4 **Continue** la suite.

Enlève 9. 598 …… …… …… ……

Utiliser la table de multiplication par 3.
Le maître fait travailler ses élèves par groupe de 3.
Combien y a-t-il d'élèves dans la classe s'il y a 6 groupes ?...

5 **Complète** les égalités.

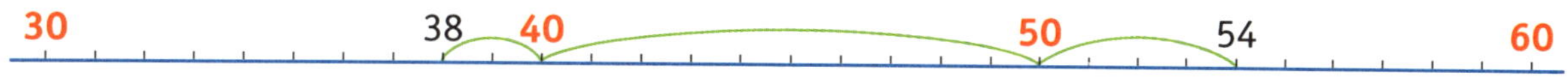

38 + ... = 54	54 − 38 = ...	53 + ... = 71	71 − 53 = ...
25 + ... = 42	42 − 25 = ...	67 + ... = 94	94 − 67 = ...
46 + ... = 65	65 − 46 = ...	19 + ... = 90	90 − 19 = ...

6 Avec ces quatre nombres, on peut effectuer six soustractions.
Pose-les et **effectue-les**.

```
  6 8 5     . . .     . . .     . . .     . . .     . . .
− 1 2 9   − . . .   − . . .   − . . .   − . . .   − . . .
  -----     -----     -----     -----     -----     -----
  . . .     . . .     . . .     . . .     . . .     . . .
```

7 Pour se rendre en vacances, la famille Dupont doit parcourir 960 km en tout.
Le premier jour, ils parcourent 320 km, le deuxième jour 355 km.
Combien doivent-ils parcourir le troisième jour ?

	distance parcourue
1er jour	....
2e jour	....
3e jour	....
en tout	....

Rappel

Effectue les calculs.

1 000 − 400 = ...	2 800 − 400 = ...
1 500 − 500 = ...	3 450 − 1 450 = ...
2 900 − 100 = ...	3 510 − 1 010 = ...

la petite question

Quel est ce nombre ?
10 000 − 9 999 = ♥

♥ = ...

Mémo

```
  c d u
  5 8 ₁2      on ajoute 10 unités
− 2 ₁3 9      10 u + 2 u = 12 u
  -----       on ajoute 1 dizaine
  3 4 3       3 d + 1 d = 4 d
```

Vérification

```
    ¹
  2 3 9
+ 3 4 3
  -----
  5 8 2
```

On vérifie en faisant une addition.

44 Symétrie

Activité : Repérer et construire des figures symétriques.

Compléter un produit associé aux tables de 3 et de 4.
6 égale 3 fois ... ?

1 Recherche

Décalque cette figure, **découpe** et **plie** en suivant l'axe rouge.

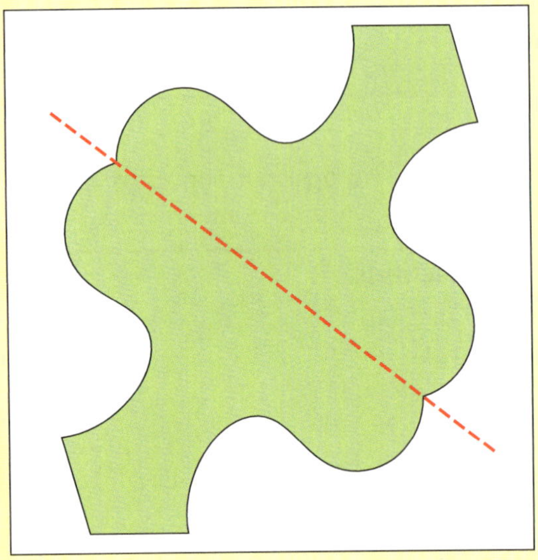

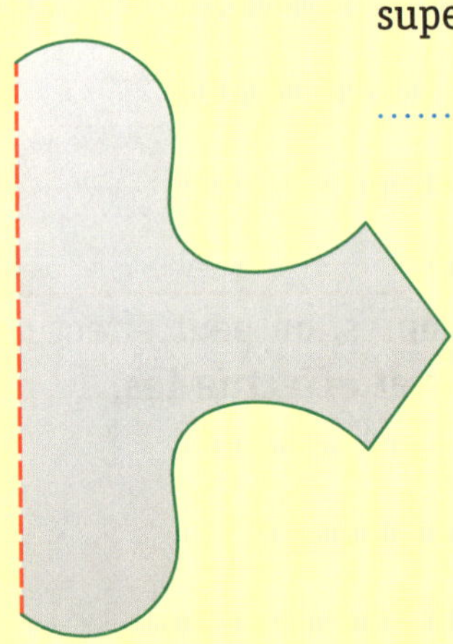

Les deux parties sont-elles superposables ?

....

Par pliage, **trouve** un deuxième axe de symétrie. **Trace-le.**

2 **Observe** cette figure. **Complète** les phrases.

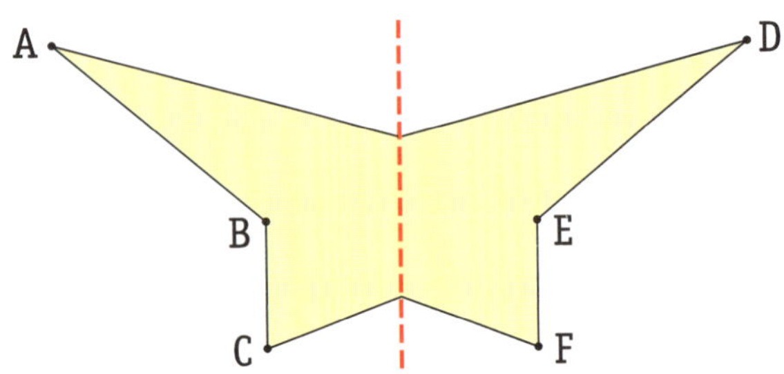

Si on plie en suivant l'axe de symétrie :

le point A vient sur le point ....

le point B vient sur le point ....

le point C vient sur le point ....

3 **Trace** les deux axes de symétrie de cette figure.

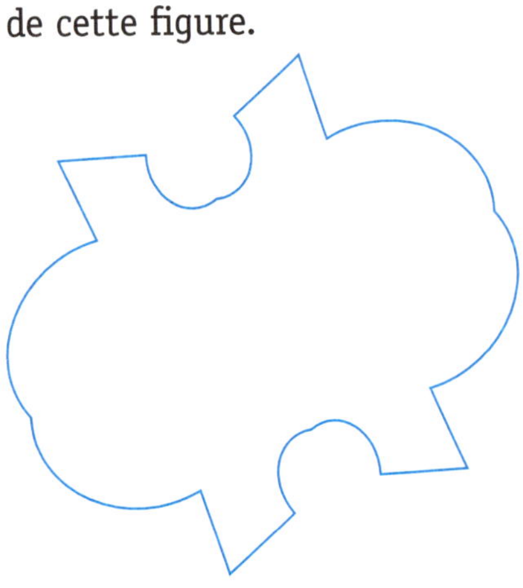

4 À main levée, **termine** le tracé de la feuille.

Utiliser la table de 4 pour calculer un quotient exact.
Dans son album, Sonia place 4 cartes postales par page.
Combien remplit-elle de pages avec 8 cartes ? avec 20 cartes ?...

5

Trace la figure symétrique par rapport à l'axe rouge.
Place d'abord les points.

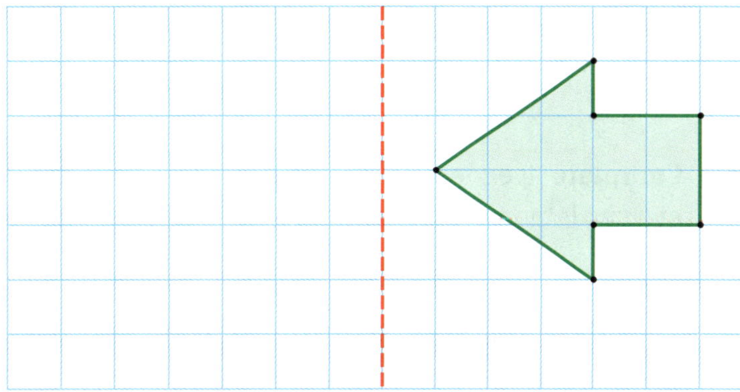

6 **Dessine** les figures symétriques par rapport aux axes.

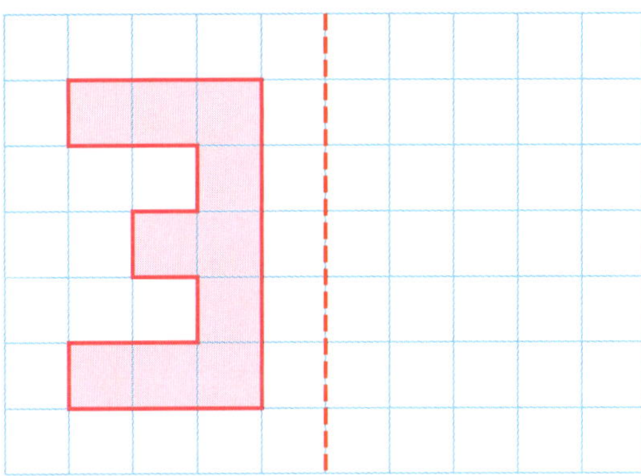

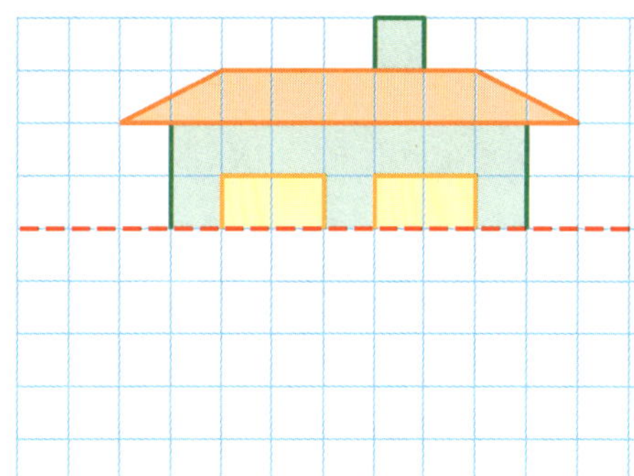

Rappel

Colorie en respectant la symétrie.

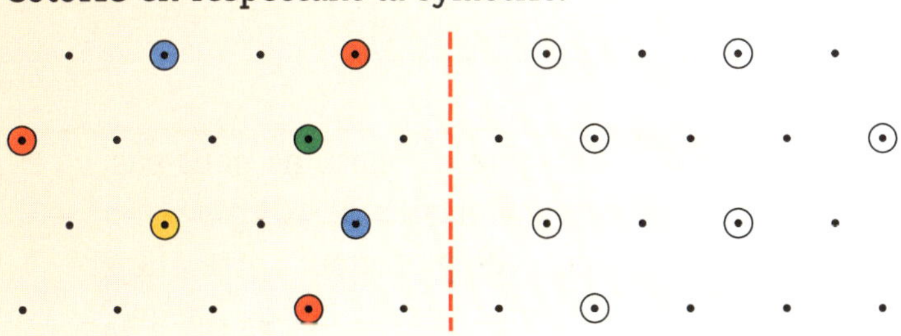

la petite question

Sont-ils symétriques ?

....

Mémo

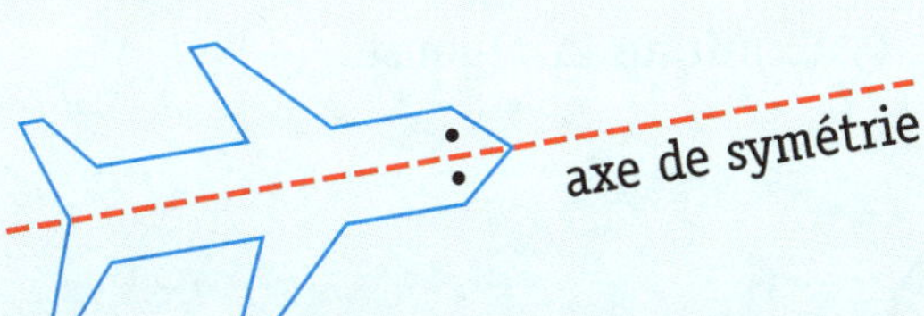

Si on plie une figure en suivant un **axe de symétrie**, les deux parties de la figure se superposent exactement.

45 Bilan 3

numération - problèmes

1 Calcul mental. Effectuer une somme de deux nombres.

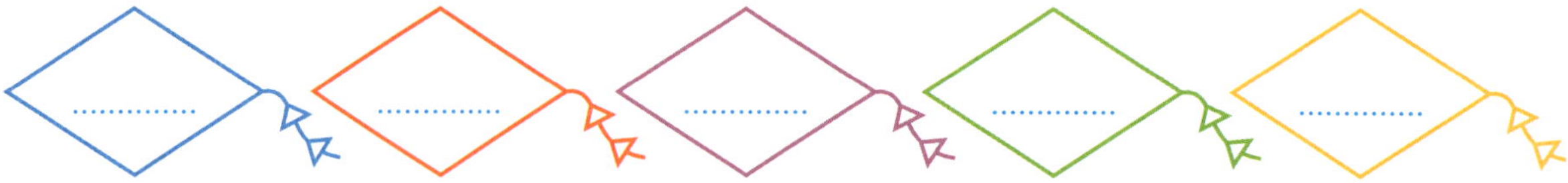

2 Complète avec le nombre qui précède et avec le nombre qui suit.

489	....	....	....
490	600	3 000	4 010
....	....	....	....

3 Calcule.

(6 x 1 000) + (2 x 10) + 7 = ...

(1 000 x 5) + (100 x 8) = ...

(4 x 100) + (3 x 1 000) + (7 x 10) = ...

9 + (3 x 100) + (8 x 1 000) = ...

4 Calcule en décomposant.

34 x 3 = (30 x 3) + (4 x 3) = ... + ... = ...

26 x 4 = (........ x ....) + (........ x ....) = ... + ... = ...

5 Pose et **effectue** les opérations.

609 + 431   1 986 + 476   27 x 3   59 x 5   103 x 4

6 Au supermarché, Madame Létang a acheté 1 kg 250 g de poires, 500 g de raisin et 500 g d'abricots.

Quelle est la masse totale des fruits achetés ?

....

....

....

7 L'étagère de Marie ne peut pas supporter plus de 10 kg.
Peut-elle placer sur cette étagère 10 livres pesant 200 g chacun ?

oui   non

Explique ta réponse.

....

....

....

8 **Complète.**

1 

masse de la plante : ....

2 

masse des fruits : ....

Qu'est-ce qui est le plus lourd ? ....

9 **Observe** cette figure.

Combien y a-t-il de cercles ? ....

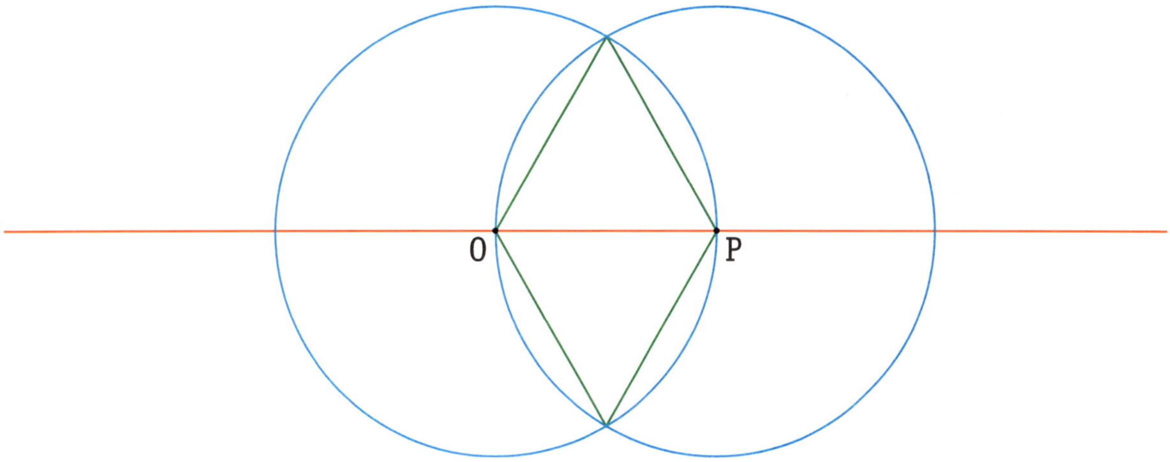

Reproduis cette figure.

46 Multiplier par 10, 100, 1 000

Activité : Construire des suites de multiples de 10, 100 ou 1 000.

Retrancher entre elles des dizaines.
50 − 20 ; 130 − 20...

1 Recherche

Chaque joueur lance un dé. Pour calculer le score obtenu, on multiplie le nombre indiqué sur le dé par le nombre inscrit dans la case où le dé est tombé.

Calcule le score de chaque joueur.

Joueur A, dé rouge :

6 × 30 = 180

Joueur B, dé jaune :

.... × .... = ...

Joueur C, dé vert :

.... × .... = ...

Joueur D, dé bleu :

.... × .... = ...

Quel joueur a obtenu :

le plus de points ? .... le moins de points ? ....

Le joueur A relance son dé qui tombe sur la case 400. Il obtient 1 200 points.

Quel nombre indique son dé ? ....

2 Complète.

5 paquets de 10 = ...

9 paquets de 10 = ...

15 paquets de 10 = ...

28 paquets de 100 = ... 6 paquets de 1 000 = ...

17 paquets de 100 = ... 12 paquets de 1 000 = ...

Pour multiplier un nombre par 10, 100 ou 1000, on écrit 1, 2 ou 3 zéros à la droite du nombre.

3 Calcule.

23 × 100 = ... 237 × 10 = ... 146 × 10 = ...

8 × 1 000 = ... 45 × 100 = ... 7 × 1 000 = ...

17 × 10 = ... 38 × 1 000 = ... 73 × 100 = ...

Calculer le complément entre deux dizaines.
Combien manque-t-il à chaque enfant pour acheter une tenue de sport qui coûte 90 € ? Eva a 60 €, Tom a 40 €...

4 **Calcule** chaque somme d'argent.

10 billets de 5 €	20 billets de 10 €	25 billets de 10 €	40 billets de 100 €
.... €	.... €	.... €	.... €

5 **Observe** l'exemple. **Effectue** les produits.

40 x 3 = 4 x 10 x 3
40 x 3 = 12 x 10 = 120

70 x 2 = ... 50 x 3 = ... 7 x 40 = ...

30 x 3 = ... 6 x 30 = ... 4 x 80 = ...

6 Un magasin a reçu 8 cartons contenant chacun 30 paquets de biscottes et 6 cartons contenant chacun 40 paquets de biscuits.
Quel est le nombre de paquets de biscottes reçus ?

....

....

Quel est le nombre de paquets de biscuits reçus ?

....

....

7 La caissière du théâtre a vendu 100 billets d'entrée à 12 € chacun et 85 billets à 10 € chacun.
Quelle est la somme encaissée ?

(.......... x ....) + (.......... x ....)

....

....

....

Rappel

Effectue les calculs.

702 − 200 = ... 492 − 361 = ...

1 900 − 500 = ... 2 734 − 623 = ...

2 720 − 520 = ... 5 315 − 4 310 = ...

la petite question

Par combien faut-il multiplier 100 pour obtenir 10 000 ?

....

Mémo

15 x 10 = 150
15 x 100 = 1 500
15 x 1 000 = 15 000

Pour multiplier un nombre par 10, 100 ou 1 000, on écrit 1, 2 ou 3 zéros à la droite de ce nombre.

47 Contenance

Activité : Estimer puis mesurer une contenance avec différentes unités.

Retrancher entre elles des centaines.
500 – 200 ; 1 800 – 400…

1 Recherche

Lucas peut remplir son arrosoir et celui de son papa en utilisant des récipients de différentes contenances.

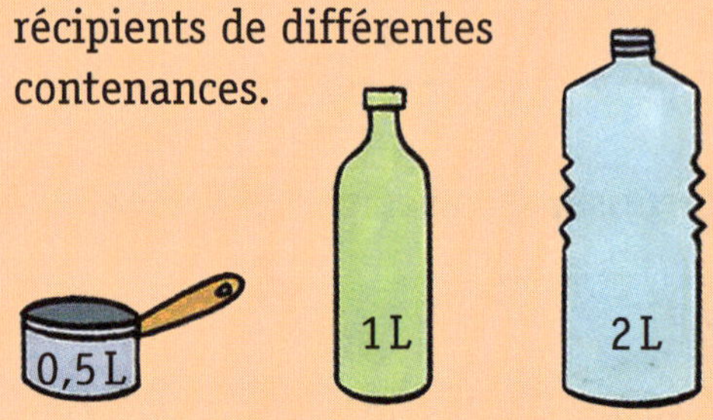

Combien de fois Lucas doit-t-il verser le contenu de chaque récipient pour remplir chaque arrosoir ?
Écris les réponses dans le tableau.

	arrosoir de Lucas	arrosoir de Papa
1 L	4 fois	....
0,5 L	....	....
2 L	....	....

2 **Range** les contenances de ces récipients dans l'ordre croissant.

1 litre = 100 centilitres
1 L = 100 cL

....

3

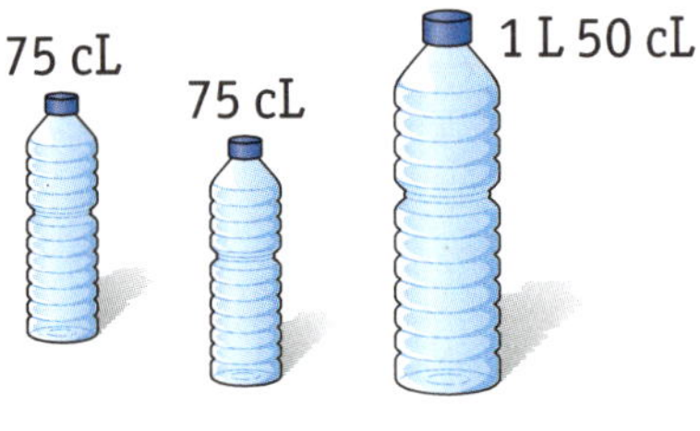

Moussa dit qu'il doit vider le contenu de deux bouteilles de 75 cL pour remplir une bouteille de 1 L 50 cL.

Est-ce vrai ? ....

Explique : ....

....

4 **Coche** la contenance qui te paraît convenable.

une cuvette		un verre		une cuillère à soupe	
8 cL	☐	16 L	☐	1 cL	☐
8 L	☐	16 cL	☐	1 L	☐

5 **Transforme** en cL.

1 L = ... cL

un quart de litre = ... cL

un demi-litre = ... cL

un litre et demi = ... cL

6

Quel est la masse indiquée par la balance ? ....

Dans cette casserole, il y a 1 litre d'eau.

La casserole vide pèse 300 g. Lan dit que le litre d'eau pèse 1 kg.

Quel calcul a-t-elle fait ? ....

....

7 Cosette doit porter un seau qui contient 12 L d'eau.
Le seau vide pèse 800 g.
Combien pèse le seau plein ?

....

....

8 Margaux boit un verre de 20 cL de jus de fruits par jour. Elle commence une bouteille de 1 L.
Combien de jours mettra-t-elle pour boire tout le jus de fruits contenu dans la bouteille ?

....

....

Rappel

Calcule.

15 + 14 + 5 = ...

27 + 3 + 12 = ...

30 + 21 + 6 = ...

35 + 10 + 5 = ...

40 + 27 = ...

135 + 20 = ...

354 + 100 = ...

648 + 200 = ...

la petite question

Combien de litres avec quatre demi-litres ?

.... L

Mémo

Pour mesurer les contenances, on utilise le **litre** (**L**), le **centilitre** (**cL**).

1 L = 100 cL

1 litre d'eau pèse 1 kg.

48 Multiplication

Activité : Mettre en évidence la distributivité dans des multiplications en ligne.

Compter de 2 en 2.
De 40 à 20 ; de 53 à 39…

1 Recherche

Fatou a calculé le nombre de carreaux de cette feuille. **Observe** son calcul.

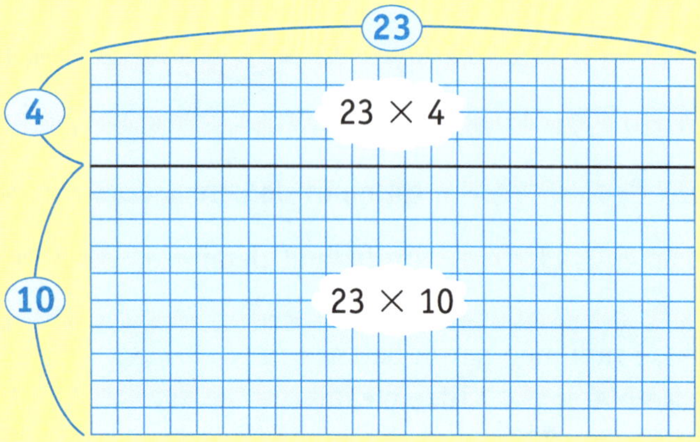

$$\begin{array}{r} 2\ 3 \\ \times\quad 1\ 4 \\ \hline 9\ 2 \\ 2\ 3\ 0 \\ \hline 3\ 2\ 2 \end{array}$$

9 2 → 4 fois 23
2 3 0 → 10 fois 23

Fais les mêmes calculs pour trouver le nombre de carreaux de cette deuxième feuille.

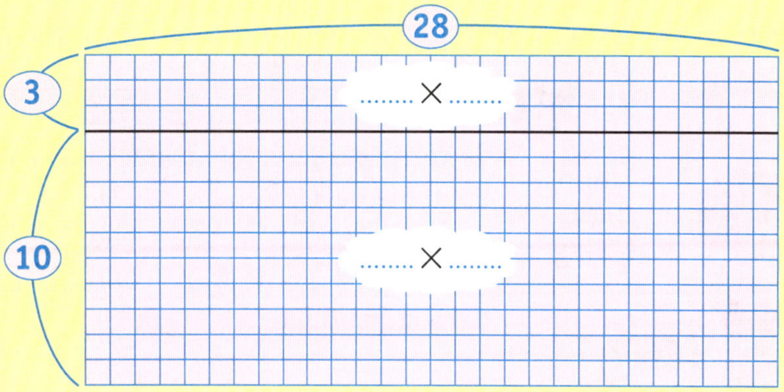

$$\begin{array}{r} 2\ 8 \\ \times\quad 1\ 3 \\ \hline .\ . \\ .\ .\ . \\ \hline .\ .\ . \end{array}$$

. . → 3 fois 28
. . . → 10 fois 28

2 **Effectue** les multiplications.

$$\begin{array}{r} 4\ 6 \\ \times\quad 1\ 3 \\ \hline .\ .\ . \\ .\ .\ . \\ \hline .\ .\ . \end{array} \qquad \begin{array}{r} 3\ 7 \\ \times\quad 1\ 4 \\ \hline .\ .\ . \\ .\ .\ . \\ \hline .\ .\ . \end{array} \qquad \begin{array}{r} 5\ 6 \\ \times\quad 1\ 5 \\ \hline .\ .\ . \\ .\ .\ . \\ \hline .\ .\ . \end{array} \qquad \begin{array}{r} 6\ 7 \\ \times\quad 1\ 6 \\ \hline .\ .\ . \\ .\ .\ . \\ \hline .\ .\ .\ . \end{array}$$

3 **Effectue** les multiplications en ligne.

23 × 2 = ………… 53 × 3 = ………… 142 × 2 = …………

46 × 2 = ………… 64 × 3 = ………… 243 × 3 = …………

4 **Observe** l'exemple. **Effectue** les calculs.

23 x 20 = 23 x 2 x 10 → 46 x 10 → 460	13 x 30 = ...	42 x 20 = ...
	14 x 20 = ...	17 x 40 = ...
	32 x 30 = ...	16 x 50 = ...

5 **Effectue** les multiplications.

```
     2 8              6 2          5 4          8 6
x    2 3        x     2 6     x    3 2     x    3 4
  -------         --------     --------     --------
     . .  → 28 x 3    . . .        . . .        . . .
   . . .  → 28 x 20 . . . .      . . . .      . . . .
  -------         --------     --------     --------
   . . .          . . . .      . . . .      . . . .
```

6 À l'arrivée du bateau de pêche, on a compté 27 bacs contenant chacun 12 colins et 18 bacs contenant chacun 15 soles. Combien y a-t-il de poissons en tout ?

....

Rappel

Utilise les quatre nombres pour obtenir le résultat.

3 10 4 8 : (..... x .....) + (..... x .....) = 92

2 20 4 6 : (..... x .....) + (..... x .....) = 128

20 3 7 2 : (..... x .....) + (..... x .....) = 146

la petite question

Monsieur Lefort a gagné 4000 € qu'il partage entre ses quatre enfants. Quelle est la part de chacun ?

....

Mémo

La multiplication

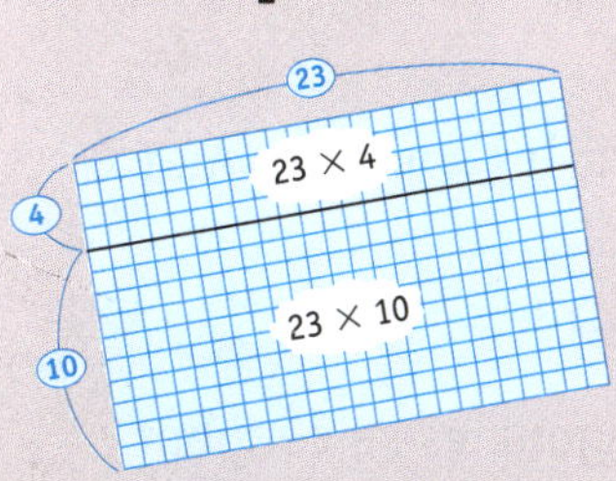

23 x 14 = (23 x 10) + (23 x 4)

```
      2 3
x     1 4
  -------
      9 2  → 23 x 4
    2 3 0  → 23 x 10
  -------
    3 2 2
```

49 Quadrilatères particuliers

Activité : Observer et tracer différents quadrilatères.

Retrancher des dizaines à un nombre à deux chiffres.
53 – 20 ; 66 – 40…

1 Recherche

Voici trois quadrilatères.
Repère les angles droits, les côtés de même longueur.

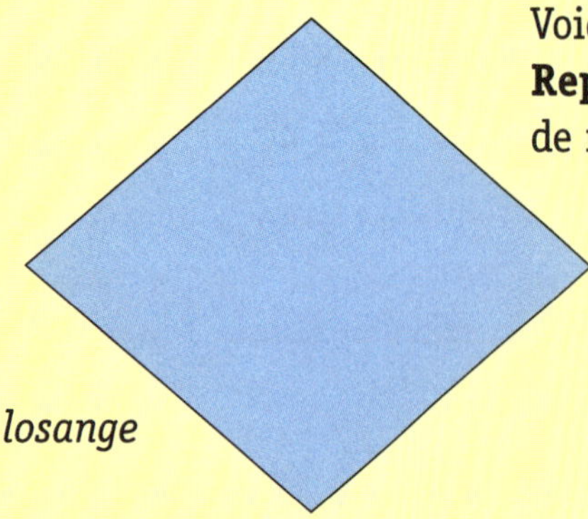

losange

rectangle

carré

Complète le tableau. **Écris** oui ou non.

	rectangle	carré	losange
4 angles droits	....	....	....
4 côtés de même longueur	....	....	....

Écris le nom du quadrilatère.

Il a 4 côtés de même longueur et 4 angles droits, c'est un ....

Il a 4 côtés de même longueur et n'a pas d'angle droit, c'est un ....

Il a 4 angles droits, ses côtés opposés sont de même longueur, c'est un ....

2

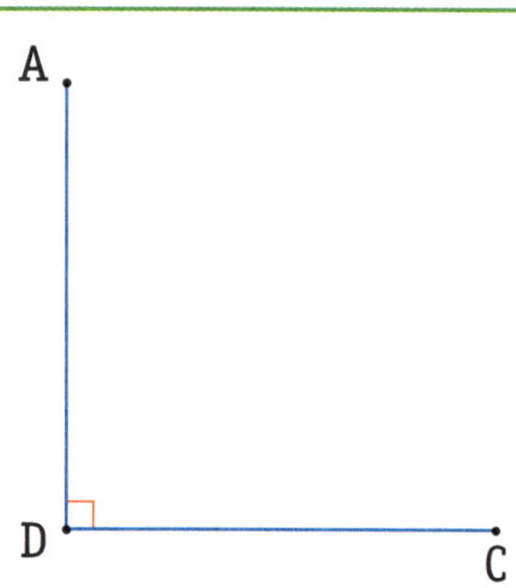

Termine le tracé du carré ABCD (utilise ton équerre).

Place le point B.

Trace les segments qui relient les sommets A et C puis B et D.
Ce sont les **diagonales** du carré.

Appelle O le point où les diagonales se coupent.

Retrancher des dizaines à un nombre à deux chiffres.
Des amis vont au spectacle. L'entrée coûte 20 €.
Combien reste-t-il à chacun ? Pierre avait 35 €, Tina 50 €…

3 **Complète** le programme de construction avec les mots :
cercle, diagonales, rectangle, rayon, point.

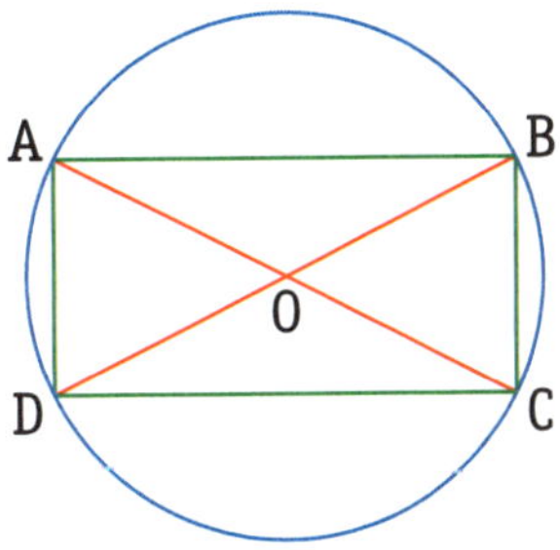

Trace un .... *ABCD.*

Trace ses .... *AC et BD.*

Elles se coupent au .... *O.*

Trace le .... *de centre O et de* .... *OA.*

4 **Prends** une feuille de papier rectangulaire. **Plie-la** pour obtenir un carré et un rectangle.

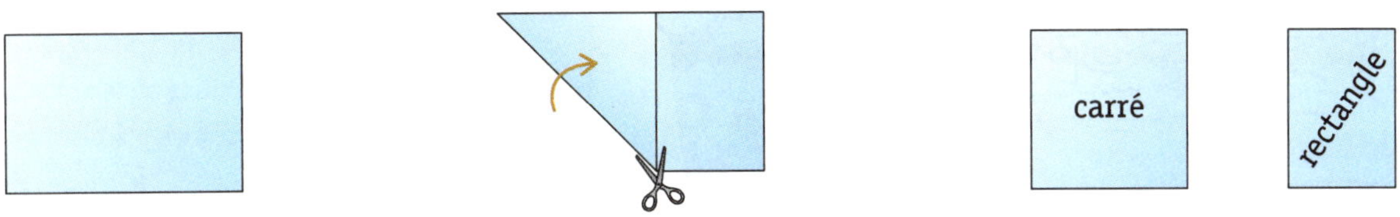

Trace dans ce carré et ce rectangle une diagonale et **plie** en suivant cette diagonale.
Est-ce un axe de symétrie :

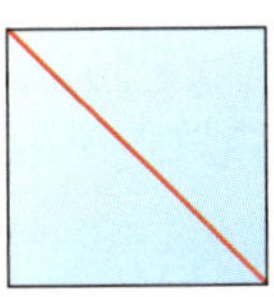
pour le carré ? ....

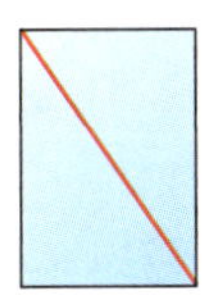
pour le rectangle ? ....

Trouve par pliage les 4 axes de symétrie du carré et les 2 axes de symétrie du rectangle.

Rappel

Trace un losange puis un rectangle à l'intérieur.

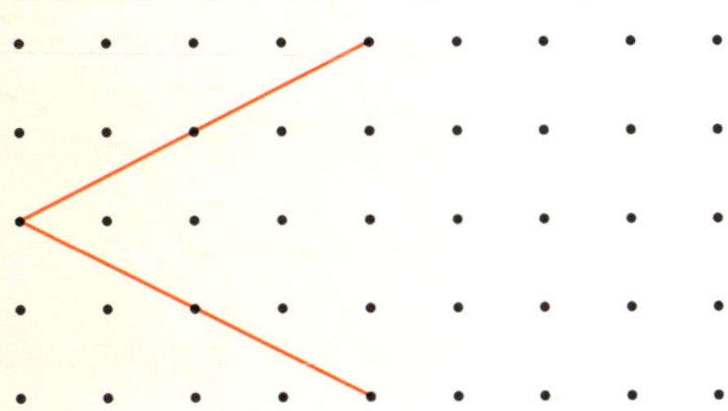

la petite question

Quelle est la longueur du tour de ce carré ?

....

Mémo

le **carré** a 4 côtés égaux et 4 angles droits

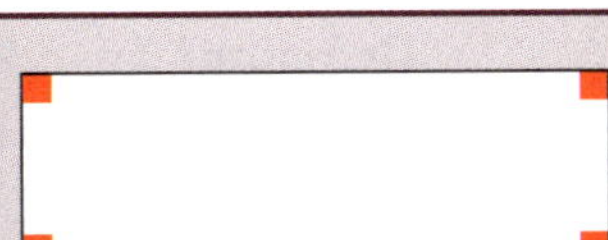

le **rectangle** a les côtés opposés égaux et 4 angles droits

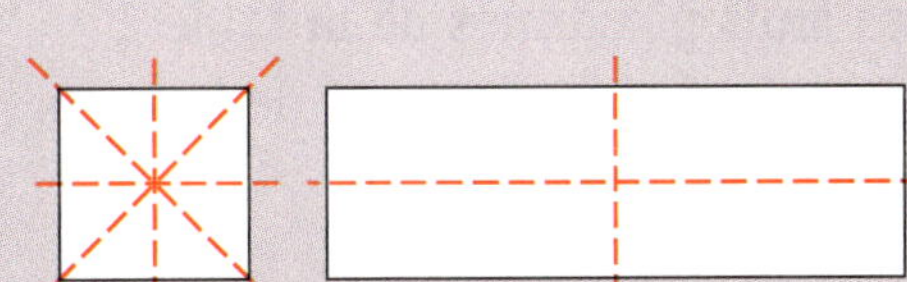

axes de symétrie

50 Problèmes

Activité : Rédiger des questions à partir d'un document.

Retrancher des dizaines.
52 – 30 ; 152 – 30…

1 Recherche

Observe. Réponds aux questions.

Carte

Salade niçoise	10 €
Œuf mayonnaise	6 €
Charcuterie	9 €
Poulet haricots	13 €
Escalope purée	12 €
Steak frites	11 €
Fromage	4 €
Tarte ou glace	5 €
Fruit	3 €

Menu à 18 €

Crudités
Rôti de bœuf - légumes
Flan
****

Menu à 22 €

Crudités
Rôti de bœuf - légumes
Fromage
Glace ou tarte
Café
****

Table 1 : **Complète** l'addition.

Table n° ……… Le ………

Salade niçoise ……… 10 €

………

………

………

………

………

total ………

Les trois personnes de la table 1 se partagent le montant de la note. Chacun donne 15 euros.

Est-ce exact ? ………………………………

Vérifie. ………………………………

Table 2

Quelle somme les clients de la table 2 vont-ils payer ?

………………………………

Ils paient avec 2 billets de 20 € et 2 billets de 10 €. Combien donnent-ils ?

………………………………

Combien le serveur va-t-il leur rendre ?

………………………………

Compléter à 50.
Un car peut accueillir 50 passagers. Combien reste-t-il de places libres s'il y a déjà 20 personnes dans le car ? 35 personnes ?...

2

98 voitures attendent au feu rouge. Au feu vert, 31 vont tout droit et 53 vont tourner à droite. Combien de voitures tournent à gauche ?

3

Complète la facture du magasin de sports.

Sports plus

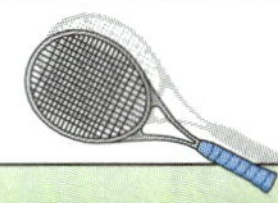

FACTURE

article	prix à l'unité	quantité	prix total
survêtement	38 €	18	....
anorak	56 €	37	....
baskets	26 €	29	....
		TOTAL	....

4

Nicolas a acheté 3 petites bouteilles de jus de fruits de 33 cL chacune et Cheng 1 bouteille de 1 L. « *C'est presque pareil* » dit Nicolas. « *J'en ai plus que toi !* » dit Cheng.
Quelle quantité de jus de fruits Cheng a-t-il en plus ?

....

....

Rappel

Calcule.

5 000 + 400 + 30 + 6 = ...

2 + 80 + 3 000 + 200 = ...

1 020 + 30 + 100 + 8 = ...

7 002 + 50 + 800 = ...

la petite question

Quel nombre manque-t-il pour faire 1000 ?

Activité

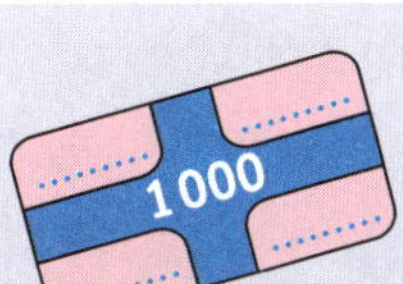

Par groupes. Construire une autre carte « 1 000 ».
Faire trouver le nombre manquant à un autre groupe.
Vérifier avec la calculatrice si la somme des nombres fait 1 000.

51 Structure des nombres

Activité : Mettre en évidence la structure d'un nombre à trois chiffres.

Écrire un nombre < 10 000 sous la dictée.

1 Recherche

Une fabrique de poteries fait un envoi de 980 amphores, de 1 200 jarres et de 2 500 pots.
Les amphores et les jarres sont expédiées par caisse de 10.
Les pots sont expédiés par caisse de 100.

Combien faut-il de caisses :

pour les amphores ? 980 = 10 × ....

pour les jarres ? ....

pour les pots ? ....

Complète les réponses.

Il faut .... *caisses pour les amphores.*

Il faut .... *caisses pour* ....

Il faut .... *caisses pour* ....

2 **Décompose** les nombres en dizaines.

270 = 27 paquets de 10 = 27 dizaines = 10 × 27

390 = ...

810 = ...

4 600 = ...

3 **Décompose** les nombres en centaines.

1 400 = 14 paquets de 100 = 14 centaines = 100 × 14

3 800 = ...

14 700 = ...

13 000 = ...

4 **Décompose** en suivant l'exemple.

2 418 = 2 000 + 418

3 547 = ...

6 864 = ...

2 418 = 2 400 + 18

3 547 = ...

6 864 = ...

2 418 = 2 410 + 8

3 547 = ...

6 864 = ...

Écrire un nombre à partir de sa décomposition en dizaines et en unités.
Sur le gâteau d'anniversaire, une grosse bougie vaut 10 ans et une petite 1 an.
Quel est l'âge d'une personne qui a sur son gâteau 3 grosses bougies et 7 petites ?...

5 **Observe** l'exemple et **décompose** le nombre 3 527 de la même manière.

2 418 = 2 milliers et 418 unités
2 418 = 24 centaines et 18 unités
2 418 = 241 dizaines et 8 unités
2 418 = 2 418 unités

3 527 = ... milliers et .... unités
3 527 = ... centaines et .... unités
3 527 = ... dizaines et .... unités
3 527 = ... unités

6 **Utilise** deux de ces étiquettes pour obtenir chaque nombre.

25 dizaines | 12 dizaines | 5 unités | 2 centaines | 50 unités | 12 centaines

pour obtenir 125 : .... et ....

pour obtenir 1 250 : .... et ....

7 Hugo a une collection de 357 petits personnages. Il les met par rangée de 10.

Combien pourra-t-il faire de rangées complètes ?

....

....

8 Sophie utilise 10 perles pour faire une bague et 100 perles pour faire un bracelet. Avec 2 500 perles, combien pourrait-elle faire de bracelets ?

....

Combien pourrait-elle faire de bagues ?

....

Rappel

Calcule.

6 540 – 1 000 = ...   3 600 – 1 000 = ...

6 540 – 100 = ...   3 600 – 100 = ...

6 540 – 10 = ...   3 600 – 10 = ...

6 540 – 1 = ...   3 600 – 1 = ...

la petite question

Quel est le 32e jour de l'année ?

....

Mémo

Dans un millier, il y a 1 000 unités ou 100 paquets de 10 ou 10 paquets de 100.

2 354 = 235 dizaines 4 unités = 23 centaines 54 unités = 2 milliers 354 unités

52 point-étape 4

1 2 3 4 5 6 7 8 9 10

1 Vrai ou faux (V ou F) ?

3 000 + 80 + 200 + 4 = 3 000 + 800 + 20 + 4

.....

2 **Entoure** la réponse exacte.
Pour avoir 5 000 €, il faut :

5 billets de 100 €

50 billets de 10 €

50 billets de 100 €

3 Quel est le nombre de centaines dans 5 237 ?
Entoure la réponse exacte.

52 523

4 **Barre** le résultat faux.

135 – 99 = ?

34 36

5 **Écris** le chiffre qui manque.

$$\begin{array}{r} 592 \\ -\ 428 \\ \hline 1\,.\,4 \end{array}$$

5

6

7

6 Monsieur Muret a 8 billets de 10 € et 2 billets de 100 €.
Quelle somme possède-t-il ?

Entoure. 208 €

280 €

7 Louis veut remplir un aquarium de 20 litres. Il utilise un seau de 4 L de contenance.
Combien de fois devra-t-il vider son seau pour remplir l'aquarium ?

4 fois 5 fois 6 fois

Entoure la réponse exacte.

8 Ce colis pèse :

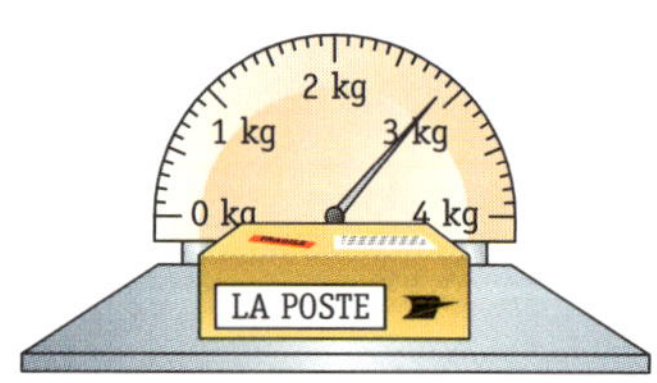

2 kg 400 g

2 kg 900 g

3 kg 100 g

Entoure la réponse exacte.

9 Les segments rouges sont des axes de symétrie de la figure.

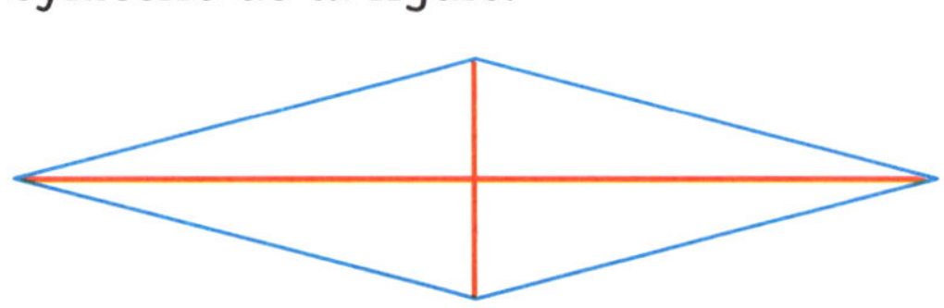

Entoure. oui non

10 **Relie** 4 points pour obtenir un carré.

1 **Reproduis** le modèle en plus grand. **Colorie.**

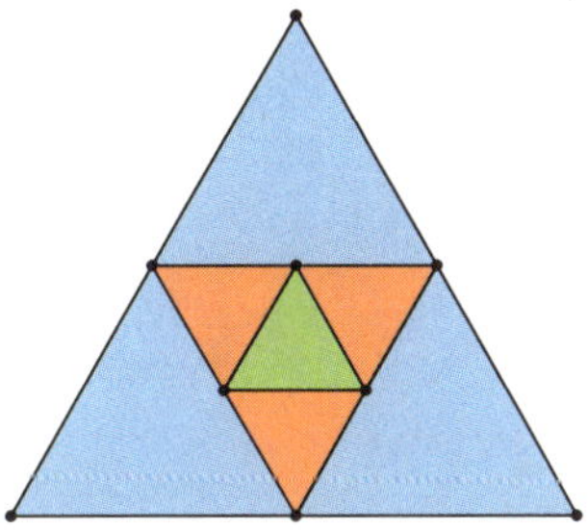

2 **Complète** la grille horizontalement.

	A	B	C	D
a			■	
b		■		
c				■
d	■			

Vérifie.

→
a) 70 + 5 ■ 3 x 1
b) 16 – 16 ■ 16 x 2
c) 540 – 9
d) 400 x 2

↓
A) (7 x 100) + 5
B) 1 x 5 ■ 40 – 2
C) 31 x 10
D) 8 x 4 ■ 4 x 0

3 **Termine** le tracé du moulin en respectant la symétrie. **Colorie.**

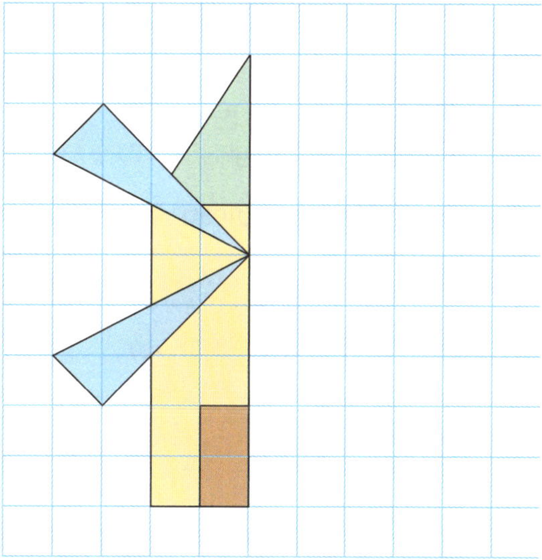

4 Pour chaque mot, **calcule** le nombre de points.

case qui compte double (bleu)

case qui compte triple (orange)

	B_3 (double)	O_1	U_1	G_{10} (double)	E_1
	O_1			O_1	
A_1	X_{10} (triple)	E_1		N_2	
	E_1			G_{10}	(triple)

BOUGE : .... points

BOXE : .... points

AXE : .... points

GONG : .... points

54 Multiples

Activité : Situer un nombre dans une suite de multiples.

Enlever un nombre < 10 sans passage à la dizaine inférieure.
45 – 2 = … ; 87 – 6 = …

1 Recherche

Lis ces multiples de 8.

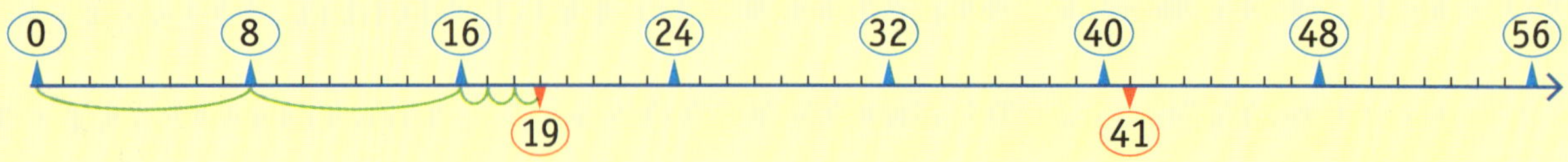

Complète en t'aidant de la ligne des multiples.

8 = 1 fois 8
16 = 2 fois 8
24 = ……………
32 = ……………
40 = ……………
48 = ……………

19 = 2 fois 8 plus 3
41 = ……………………………
28 = ……………………………
35 = ……………………………
42 = ……………………………
49 = ……………………………

19 = (8 x 2) + 3
41 = (8 x ………) + ………
28 = ……………………………
35 = ……………………………
42 = ……………………………
49 = ……………………………

2 Les enfants ont collé des photos de sportifs sur leurs albums. Ils peuvent coller 8 photos par page.
Coline a 19 images, Jeanne en a 35, Matthieu 42 et Marc 49.

Complète le tableau.

	nombre total de photos	nombre de pages complètes	nombre de photos sur la dernière page
Coline	19	2	3
Jeanne	35	…………	…………
Matthieu	42	…………	…………
Marc	49	…………	…………

3 En utilisant deux de ces nombres, **écris** tous les produits égaux à 72.

~~1~~	2	3	4	6	8
9	12	18	24	36	~~72~~

72 x 1 = 72
……………………
……………………
……………………
……………………
……………………

Extraire le nombre de dizaines.
Combien faut-il d'arrosoirs de 10 L pour vider toute l'eau d'un réservoir qui contient 20 L, 40 L, 50 L... ?

4 **Encadre** les nombres par les multiples de la table de 5 les plus proches.

15 < 17 < 20 .... < 8 < .... < 31 < .... < 49 < ....

.... < 12 < .... < 27 < .... < 43 < .... < 38 < ....

5 Dans 17, combien de fois 5 ? **Utilise** la table de 5 pour compléter les égalités.

17 = (5 x 3) + 2

12 = (5 x ......) + ...

23 = (5 x ......) + ...

27 = (5 x ......) + ...

31 = (5 x ......) + ...

43 = (5 x ......) + ...

49 = (5 x ......) + ...

38 = (5 x ......) + ...

6 Le bateau de pêche rouge quitte le port tous les 5 jours et le bateau de pêche bleu tous les 6 jours.
Ils partent tous les deux du port le 2 juillet.

Complète les jours de départs.

	1er départ	2e départ	3e départ	4e départ	5e départ	6e départ	7e départ
bateau rouge	2 juillet	7 juillet	....	....	....	....	....
bateau bleu	2 juillet	8 juillet	....	....	....	....	....

Quel jour partent-ils de nouveau ensemble ? ....

Rappel

Complète.

27 = 3 x .... 30 = 3 x .... 18 = 3 x ....

21 = 3 x .... 9 = 3 x .... 24 = 3 x ....

12 = 3 x .... 15 = 3 x .... 0 = 3 x ....

la petite question

Combien y a-t-il de faces cachées ?

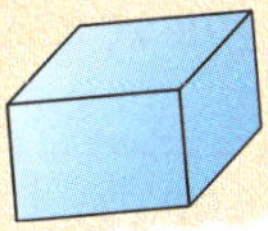

....

Activité +

La coopérative scolaire a 27 € pour acheter des ballons.
Elle a le choix entre deux tailles et veut dépenser tout l'argent.

Que peut-elle acheter ? **Trouve** deux possibilités.

55 Les solides

Activité : Donner la description d'un solide.

1 Recherche

Observe ces solides. **Décris-les.**

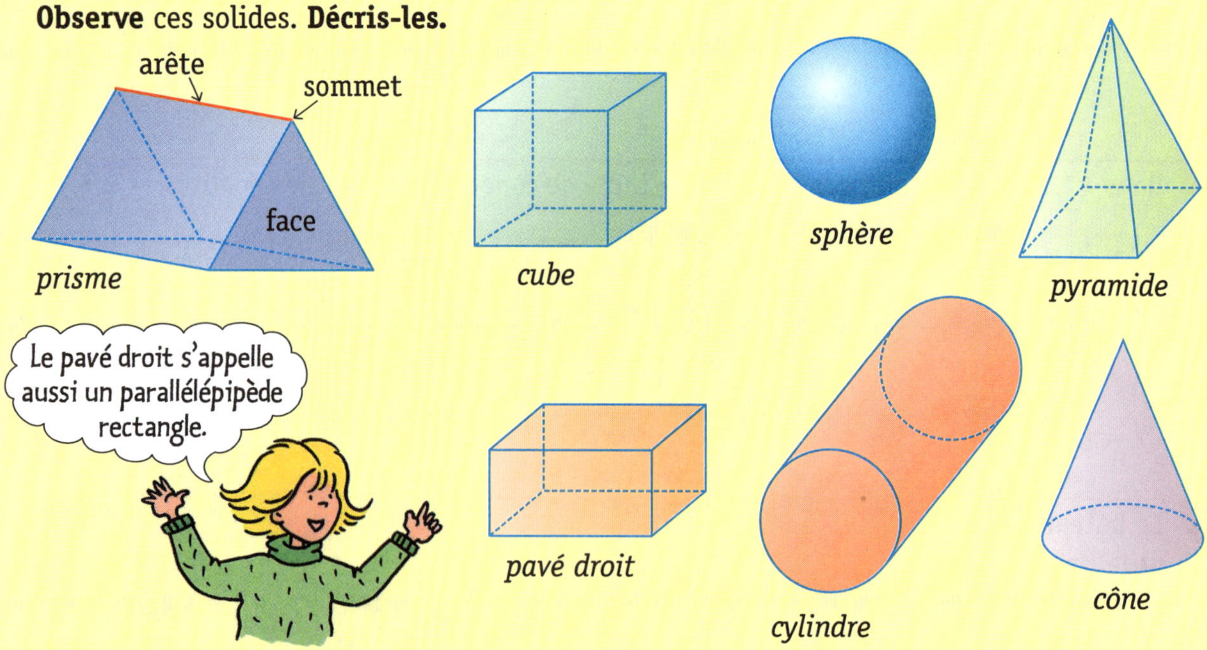

Classe les solides en deux groupes.

Ceux qui n'ont que des surfaces planes : ....

....

Ceux qui ont des surfaces arrondies : ....

....

2 **Observe** le **1**. **Trouve** le solide et **écris** son nom.

Ce solide n'a aucune face plane, c'est ....

Ce solide n'a qu'un seul sommet, c'est ....

Ce solide a 5 faces, 5 sommets et 8 arêtes, c'est ....

3 **Observe** ces constructions de solides. **Trace** les arêtes qui manquent.

Il manque 3 arêtes.

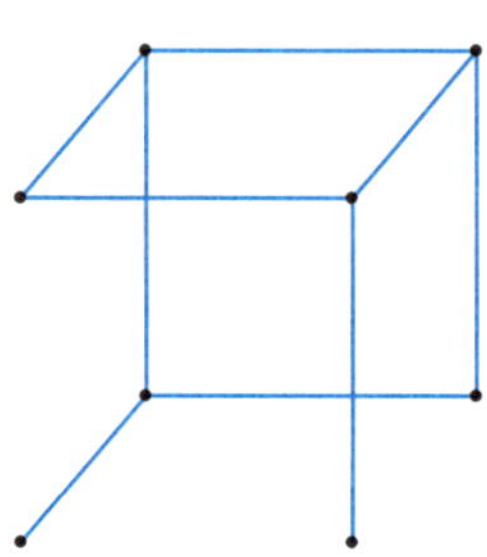

Il manque 4 arêtes.

Utiliser la table de multiplication par 3.
Les trois poules de Céline pondent chacune 1 œuf par jour.
Combien Céline ramasse-t-elle d'œufs en 1 jour, en 1 semaine... ?

4 **Prends** un cube et un parallélépipède rectangle. **Compte** les faces, les arêtes et les sommets. **Complète** la fiche d'identité de chaque solide.

le parallélépipède rectangle

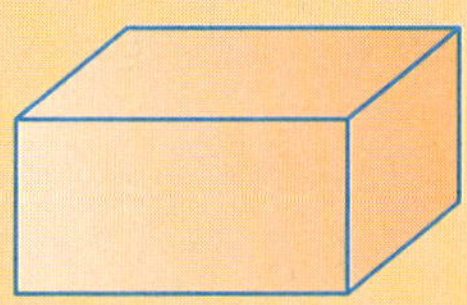

nombre de faces : ....

nombre d'arêtes : ....

nombre de sommets : ....

forme des faces : ....

le cube

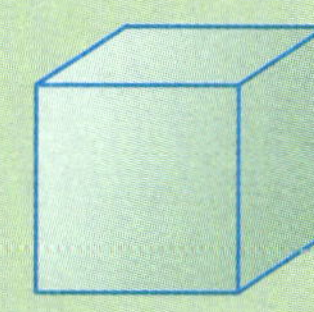

nombre de faces : ....

nombre d'arêtes : ....

nombre de sommets : ....

forme des faces : ....

Écris vrai ou faux.

Le cube a six faces carrées superposables. ....

Toutes les arêtes du cube ont la même longueur. ....

Toutes les arêtes du parallélépipède rectangle ont la même longueur. ....

Les faces opposées du parallélépipède rectangle sont superposables. ....

Rappel

À quel solide appartient chaque empreinte ?

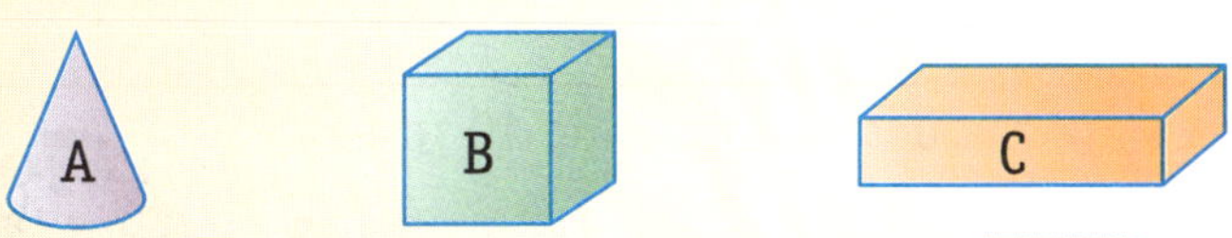

 ....  ....  ....

la petite question

Combien de sommets sont cachés ?

....

Mémo

Le parallélépipède rectangle

Ses faces sont des rectangles.

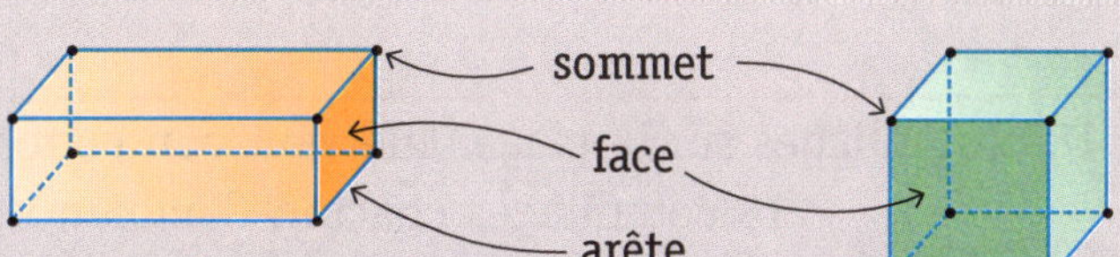

Le cube

Ses faces sont des carrés.

6 faces	8 sommets	12 arêtes

56 Groupements

Activité : Diviser une collection en groupant ses éléments par 2, 3, 4…

Construire les tables de 6 et de 7.
Compter de 6 en 6 à partir de 12,
de 7 en 7 à partir de 14.

1 Recherche

table de 6

1 fois 6 → 6
2 fois 6 → 12
3 fois 6 → 18
4 fois 6 → 24
5 fois 6 → 30
6 fois 6 → 36
…

Dans une classe de CE2, il y a 27 élèves.
En séance d'EPS, la maîtresse demande aux élèves de former des équipes de 6.
Combien y aura-t-il d'équipes complètes ?
Combien restera-t-il d'élèves ?

Complète la réponse.

Il y aura .... *équipes de 6*

et il restera .... *élèves.*

27 = (6 × ....) + ...

Vérifie ta réponse en entourant les groupes de 6.

Fais le même travail pour une classe de 25 élèves avec des équipes de 7.

2

Une fleuriste a reçu 148 roses. Elle veut faire des bouquets de 10 roses.
Combien de bouquets peut-elle réaliser ?
Combien de roses restera-t-il ?

148 = (10 × ....) + ...

nombre de bouquets : ....   nombre de roses restantes : ....

3

Emma a ramassé 187 coquillages sur la plage. Elle veut confectionner des colliers de 18 coquillages chacun. Combien peut-elle confectionner de colliers ? Combien de coquillages restera-t-il ?

187 = (18 × ....) + ...

nombre de colliers : ....   nombre de coquillages restants : ....

Utiliser la table de 3 pour calculer un quotient exact.
Trois chiens mangent chacun une boîte de pâté par jour. Pour combien de jours ont-ils leur repas si leur maître achète 6 boîtes, 30 boîtes... ?

4 Combien de fois 4 ? **Complète** les égalités.

17 = (4 x ......) + ...
22 = (4 x ......) + ...

25 = (4 x ......) + ...
28 = (4 x ......) + ...

30 = (4 x ......) + ...
32 = (4 x ......) + ...

5 **Utilise** ta calculatrice pour chercher le résultat. **Complète** les égalités.

Dans 66 combien de fois 5 ?

66 = (5 x ......) + ...

Dans 72 combien de fois 12 ?

72 = (12 x ......) + ...

Dans 139 combien de fois 15 ?

139 = (15 x ......) + ...

Dans 90 combien de fois 21 ?

90 = (21 x ......) + ...

6 Les élèves doivent ranger 75 crayons dans des boîtes. Chaque boîte peut contenir 12 crayons. Quel sera le nombre de boîtes complètes ? Combien restera-t-il de crayons non rangés ?

....

Il y aura ....

Il restera ....

7 Un producteur de pommes veut transvaser 60L de jus de pommes dans des bonbonnes de 8L chacune. Combien de bonbonnes pourra-t-il remplir ?

....

....

....

....

Rappel

Entoure le nombre qui convient.

Nombre de pages d'un livre :	4 - 3 600 - 190
Nombre de places dans un car :	60 - 5 - 350
Nombre d'élèves dans une classe :	2 - 68 - 25

la petite question

Gaëtan a couru un quart d'heure par jour pendant 4 jours. Combien de temps a-t-il couru ? ....

Activité +

Avec ta calculatrice, **construis** la liste des 10 premiers multiples de 12, puis des 10 premiers multiples de 15.

12 – 24 – ...

15 – 30 – ...

57 Problèmes

Activité : Faire varier les données d'un problème.

Réviser les tables.
Repérer les produits connus.

1 Recherche

Dans ces énoncés, des renseignements ont été effacés. **Lis** les énoncés.
Pour chaque problème, **réécris** les données qui manquent pour pouvoir répondre à la question.

Rachid a fait .... le tour de la cour.
La cour est un carré de .... de côté.
Quelle distance a-t-il parcourue ?

Sophie possède la somme de ....
Elle a acheté un stylo et un livre.
Le livre est plus cher que le stylo.
Le livre vaut .... et le stylo ....
Combien lui reste-t-il d'argent ?

Dimitri est parti en voyage pour .... jours.
Il a pris le train le ....
À quelle date reviendra-t-il ?

Sur ton cahier, **réponds** aux questions.

2

Lis attentivement le texte. **Retrouve** les nombres qui ont été effacés.

Aujourd'hui au « Club des Arts », il y a .... élèves.
Ces élèves sont répartis en .... ateliers :
15 chantent à la chorale, 12 font de la danse
et 11 jouent d'un instrument de musique.

3

Une partie de la frise a été effacée. **Complète-la.**

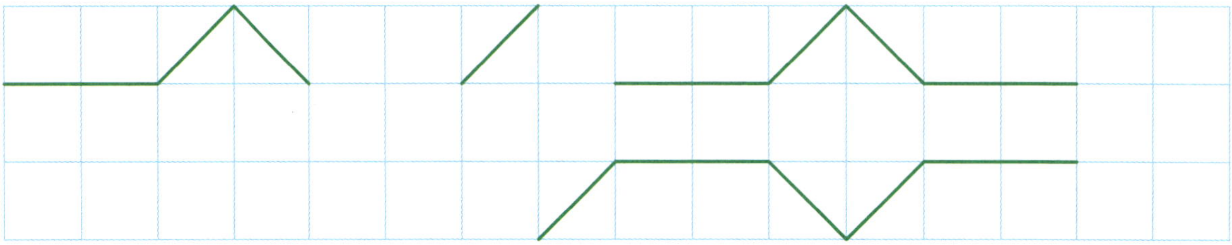

Utiliser la table des 6.
Pour parcourir 100 km, la voiture de Robert a besoin de 6 L de gasoil.
Combien faut-il de litres pour parcourir 200 km ? 300 km ?...

4 **Observe** ce diagramme en bâtons des précipitations. **Réponds** aux questions.

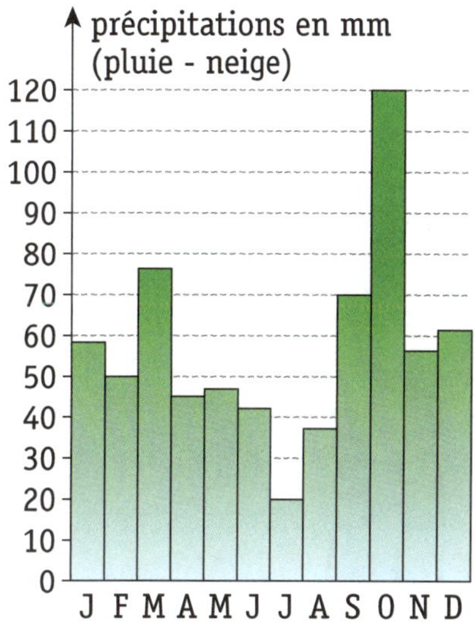

Quel est le mois le plus pluvieux de l'année ?

....

Quel est le mois où les précipitations sont les plus faibles ? ....

Complète les phrases.

En mars, la hauteur des précipitations est comprise entre .... *et* ....

En avril, la hauteur des précipitations est comprise entre .... *et* ....

La différence de précipitations entre septembre et octobre est ....

5 Ce diagramme en bâtons indique le nombre de passagers sur des bateaux de croisière.

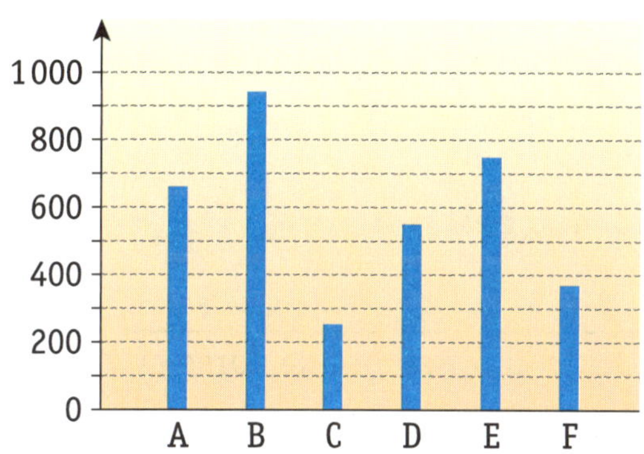

passagers	bateaux
665	A
535	....
756	....
923	....
257	....
390	....

Rappel

Entoure les écritures qui sont égales à 4 258.

4 000 + 200 + 8 + 50	4 200 + 58
(4 × 1 000) + 258	258 + 400
42 + 58	5 258 − 1 000

la petite question

Quel nombre manque-t-il pour obtenir 1 000 ?

Activité

Sur ton fichier, **compte** le nombre de pages de la période 4 pour chaque domaine (**numération** – **problèmes** – **géométrie** – **mesures**).

Construis un diagramme en bâtons (1 carreau → 1 page).

58 Mesurer des durées

Activité : Découvrir la relation 60 s = 1 min. Mesurer des durées en secondes.

Réviser les tables.
Repérer les produits connus.

1 Recherche

Dans une course, cinq enfants ont été chronométrés.

une minute : 1 min
une seconde : 1 s

Voici leur temps.

Hugo : 2 min 15 s
Inès : 2 min 05 s
Karine : 1 min 50 s
Moussa : 2 min
Cheng : 1 min 59 s

Écris les prénoms dans l'ordre d'arrivée :

1er : .... 2e : .... 3e : .... 4e : .... 5e : ....

Retrouve le nom du coureur.

Qui est arrivé 5 secondes après Moussa ? C'est ....

Qui est arrivé 1 seconde avant Moussa ? C'est ....

Sa différence de temps avec Moussa est de 10 secondes, c'est ....

2

Voici des durées d'extraits de musique classique.

« Pierre et le Loup » de Prokofiev : 4 min 48 s
« La Flûte enchantée » de Mozart : 2 min 47 s
« Les Quatre Saisons » de Vivaldi : 4 min
« Le Carnaval des animaux » de Saint-Saëns : 3 min 37 s

Calcule la différence de durée entre :

Les Quatre Saisons et *Pierre et le Loup :*

....

La Flûte enchantée et *Pierre et le Loup :*

....

Le Carnaval des animaux et *Les Quatre Saisons :*

....

3

Entoure la durée qui convient.

La récréation dure : 15 minutes – 45 secondes

La séance de piscine dure : 60 secondes – 40 minutes

Pour écrire la date, il faut : 45 minutes – 30 secondes

Multiplier par 10.
Chaque semaine, Abdel achète une petite voiture de collection à 10 €.
Combien a-t-il dépensé lorsqu'il a acheté 3 voitures, 11 voitures... ?

4 **Continue** les suites.

Ajoute 10 min : 9 h 25 min – 9 h 35 min – .... – .... – ....

Ajoute 30 min : 11 h – 11 h 30 min – .... – .... – ....

5 Combien de temps s'est écoulé entre les deux instants indiqués par les réveils ?

Il s'est écoulé .... heures.

Il s'est écoulé .... minutes.

Il s'est écoulé .... minutes.

Il s'est écoulé

.... h .... min ou .... min.

6 L'arbitre siffle le début du match de football à 20 heures.
Il y a deux périodes de jeu de 45 minutes chacune
et une pause de 15 minutes.

À quelle heure l'arbitre sifflera-t-il la fin du match ?

....

....

....

Rappel

Transforme en heures et en minutes.

60 min = ... h

65 min = ... h ..... min

75 min = ... h ..... min

90 min = ... h ..... min

100 min = ... h ..... min

120 min = ... h

la petite question

Il est 11 h 59 min 59 s.
La sortie est à midi.
Dans combien de temps la sonnerie va-t-elle retentir ?

....

Mémo

1 minute = 60 secondes
1 min = 60 s

Le chronomètre permet de mesurer des durées très précises.

59 Calculs

Activité : Créer une grille de nombres croisés.

Regrouper des nombres dont la somme est un « nombre rond ».
8 + 7 + 2, 16 + 7 + 4 + 3…

1 Recherche

On doit obtenir 100 en multipliant deux par deux les nombres des étiquettes.
Écris les produits.

~~50~~	20	10
10	8	25
4	5	~~2~~

50 × 2 = 100
……. × ……. = 100
……. × ……. = 100
……. × ……. = 100

Quel nombre n'a pas été utilisé ? ……….

On doit obtenir 1 000 en multipliant deux par deux les nombres des étiquettes.
Écris les produits.

250	40	2
100	5	4
500	10	200

……. × ……. = 1 000
……. × ……. = 1 000
……. × ……. = 1 000
……. × ……. = 1 000

Quel nombre n'a pas été utilisé ? ……….

2 **Complète** la grille.

horizontalement

a) double de 24 ■ 6 × 3
b) moitié de 18 ■ 2 × 2
c) 5 475 – 4 355
d) juste avant 10 000
e) (2 × 3) + 1 ■ 240 + 45

verticalement

A) 7 × 7 ■ 100 – 3
B) 2 × 2 × 2 ■ (5 × 3) + 4
C) 200 – 8
D) 5 555 – 5 554 ■ 300 – 2
E) 84 × 10 ■ 700 – 695

	A	B	C	D	E
a			■		
b		■	■	■	
c	■				
d					■
e		■			

3 **Barre** les écritures qui ne sont pas égales à 7409.

7 000 + 409 (74 × 10) + 9 740 + 9 7 500 – 91

(74 × 100) + 9 7 + 409 (7 × 1 000) + 400 + 9 7 500 – 1

Résoudre une situation de proportionnalité.
Toutes les billes de Youri sont identiques. 2 billes pèsent 10 g.
Quelle est la masse de 1 bille, 3 billes... ?

4 **Range** ces nombres dans l'ordre décroissant.

1 000 2 100 36 6 075 2 099 ~~6 750~~ 6 705 210

6 750 – .... – .... – .... – .... – .... – .... – ....

5 **Complète** les égalités.

6 453 = 6 000 + ...

6 453 = 6 400 + ...

6 453 = (64 × ....) + 53

6 453 = 3 + (6 × ....) + (4 × 100) + (5 × ....)

6 **Compare** en utilisant les signes >, <, =.

46 × 10 .... 50 × 10

300 × 2 600

54 × 1 .... 54 × 0

99 × 1 .... 99 × 10

4 × 100 .... 40 × 10

8 × 20 .... 7 × 20

7 **Effectue** les opérations.

```
  1 3 1 2        7 5 1        1 3 6
+ 2 6 0 8      - 3 2 4      ×   2 4
+ 4 3 7 0      -------      -------
---------        . . .        . . .
  . . . .                   . . . .
                            -------
                            . . . .
```

8 **Pose** et **effectue**.

6 042 + 29 + 776

	6	0	4	2
+				
+				

2 510 – 1 274

Rappel

Effectue les calculs.

(9 × 100) + (5 × 10) + 3 = ...

(29 × 100) + (3 × 10) + 7 = ...

(5 × 1000) + (12 × 10) + 3 = ...

la petite question

Combien d'arêtes ne voit-on pas ?

....

Activité

Continue cette suite décroissante jusqu'à 0.

450 – 400 – 350 – ...

Fais le même travail avec ta calculatrice en tapant :

4 5 0 − 5 0 = = = =

60 Bilan 4 numération - problèmes

1 Calcul mental. Résoudre des problèmes simples.

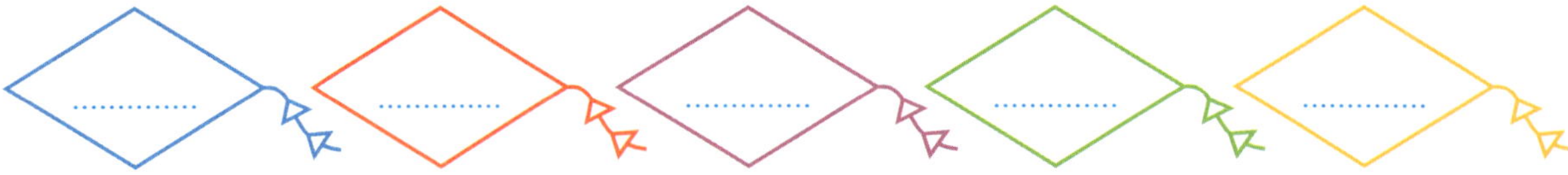

2 Range les nombres dans l'ordre croissant.

6 001 5 999 403 798 1 022

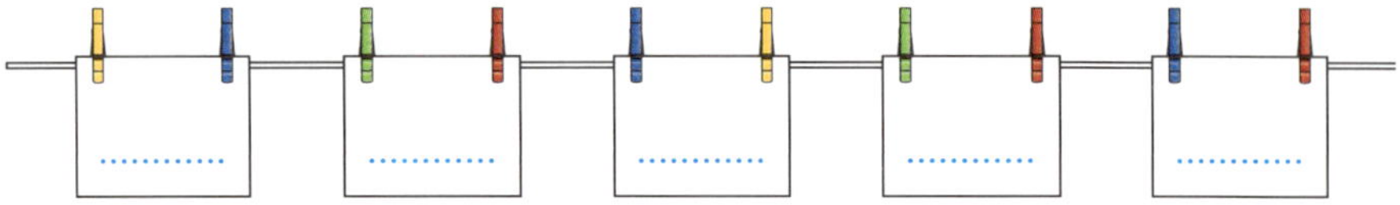

3 Écris la moitié de ces nombres.

	10	100	1 000	50	500
moitié	....	....	....	....	....

4 Effectue les calculs.

(8 x 100) + 19 = ...

(100 x 39) + 12 = ...

(42 x 100) + 7 = ...

(38 x 100) + (4 x 10) = ...

5 Barre les écritures qui ne sont pas égales à 5 327.

5 000 + 300 + 20 + 7 5 330 – 3

532 + 7 6 327 – 1 000

5 300 + 27 5 330 – 7

6 Effectue les opérations.

```
  1 7 4 8
+ 2 6 5 9
---------
  . . . .
```

```
    7 4
x   1 3
-------
  . . .
  . . .
-------
  . . .
```

```
  3 6 4 3
– 1 2 9 8
---------
  . . . .
```

7

Dans une fabrique de bougies, on a 516 bougies à placer dans des boîtes de 10. Combien pourra-t-on remplir de boîtes ?

....

....

Combien de bougies ne seront pas rangées ?

....

....

8

Maman a mis un gâteau au four à 10 h 15 min. La cuisson dure 45 min. À quelle heure faudra-t-il sortir le gâteau du four ?

....

9 Pour lire un texte de lecture, Emma a mis 1 min 30 s, Lan 57 s, Matthieu 1 min 07 s et Lucas 2 min.

Qui a été le plus rapide ? .... le moins rapide ? ....

10 Fatou a versé le contenu de 6 verres de 15 cL chacun dans une bouteille de 1 L.

La bouteille est-elle pleine ? ....

Explique ta réponse : ....

....

11 Sur chaque côté du rectangle vert, on a construit un carré.

À ton tour, **construis** un carré sur chaque côté du rectangle bleu.

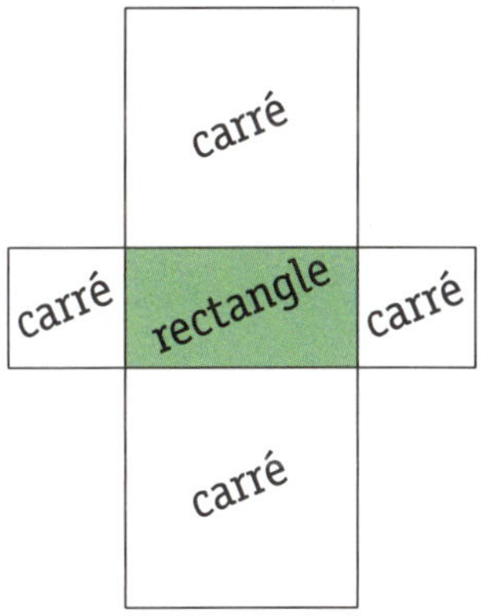

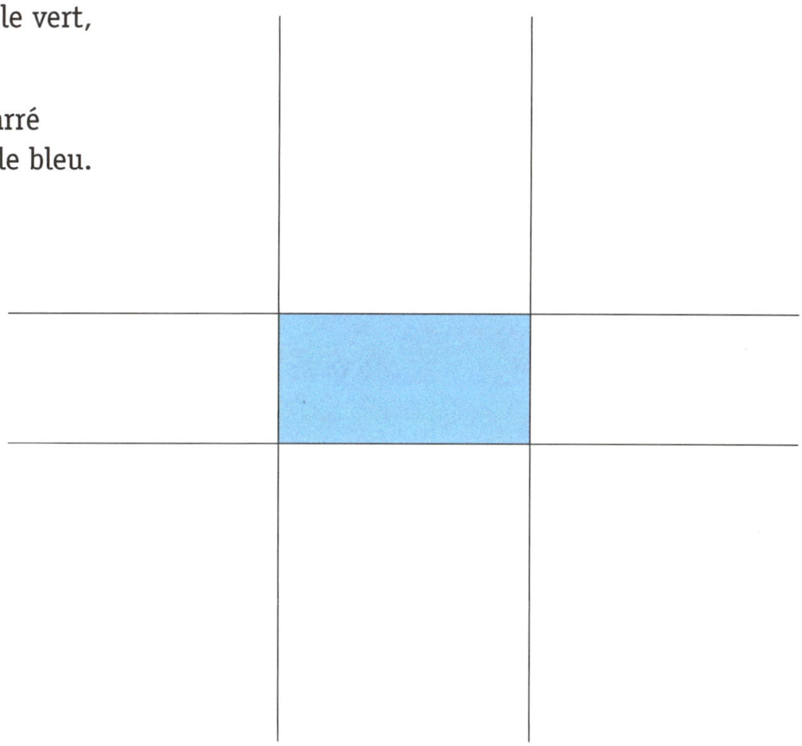

12 **Complète** la phrase.

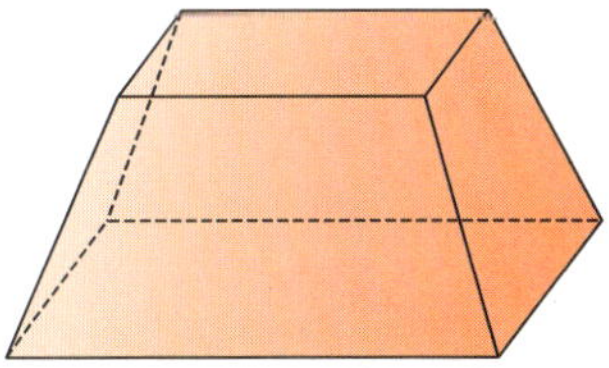

Ce solide a .... sommets, ... arêtes et .... faces.

13 Margaux a construit une boîte qui a la forme d'un cube. Elle a collé une gommette sur chaque face. Combien a-t-elle utilisé de gommettes ?

Elle a utilisé .... gommettes.

61 Partages équitables

Activité : Réaliser des partages équitables.

Multiplier par 10, 100, 1 000.
5 x 10 ; 5 x 100...

1 Recherche

Pour son anniversaire, Nicolas a apporté une boîte de 86 chocolats à partager de façon équitable avec ses camarades. Dans la classe, il y a 21 élèves. Nicolas distribue les chocolats un par un. Combien chaque élève recevra-t-il de chocolats ?

Complète le tableau.

	nombre de chocolats par enfant	nombre de chocolats restants
après la 1re distribution	1	86 – 21 = 65
après la 2e distribution	2	65 – 21 = 44
après la 3e distribution	....	....
après la 4e distribution	....	....

Complète la phrase et l'égalité.

Chaque enfant reçoit .... *chocolats et il reste* .... *chocolats dans la boîte.*

86 = (21 × ....) + ...

Pourquoi Nicolas ne fait-il pas une 5e distribution ? ....

....

2

Le grand-père de Jeanne veut planter des fleurs. Il a 23 géraniums et 32 primevères.

- Il met le même nombre de géraniums dans chaque pot et il a 5 pots à remplir. Combien doit-il mettre de géraniums dans chaque pot ?

23 = (5 × ....) + ...

Il met .... *géraniums par pot.*

- Il met le même nombre de primevères dans chaque pot et il a 6 pots à remplir. Combien doit-il mettre de primevères dans chaque pot ?

32 = ...

....

- Il plante les géraniums et les primevères qui restent dans un même pot. Que contiendra ce dernier pot ?

.... *géraniums et* .... *primevères.*

Calculer des sommes de produits.
Oscar a 2 billets de 100 €, 2 billets de 50 €, 3 billets de 20 €. Combien possède-t-il ?

3 **Encadre** les nombres par les multiples de 6 les plus proches.

0 — 6 — 12 — 18 — 24 — 30 — 36 — 42 — 48 — 54 — 60 →

6 x 3 < 20 < 6 x 4

.... < 32 < ....

.... < 37 < ....

.... < 43 < ....

.... < 49 < ....

.... < 58 < ....

6 x 1	= 6
6 x 2	= 12
6 x 3	= 18
6 x 4	= 24
6 x 5	= 30
6 x 6	= 36
6 x 7	= 42
6 x 8	= 48
6 x 9	= 54
6 x 10	= 60

4 **Complète** les écritures.

26 = (8 x 3) + ...

43 = (5 x ....) + 3

.... = (7 x 6) + 4

30 = (7 x ....) + 2

75 = (....... x 7) + 5

351 = (....... x 3) + 51

5 5 personnes jouent avec un jeu de 32 cartes.
Au début de la partie, tous les joueurs reçoivent le même nombre de cartes et on en distribue le maximum.

Combien chaque joueur reçoit-il de cartes ?

....

Combien reste-t-il de cartes non distribuées ?

....

Rappel

Calcule en euros et en centimes d'euro.

10 € + 3 € = ...

15 € – 7 € = ...

30 € + 7 € 20 = ...

10 € 50 – 8 € = ...

12 € + 8 € 15 = ...

20 € 30 – 15 € 10 = ...

100 € + 30 € + 2 € 50 = ...

la petite question

C'est toujours le même chiffre.
Quel est ce chiffre ?

. . .
\+ . . .
6 6 6

....

Activité +

Par deux. Réaliser cette somme avec les billets et les pièces des fiches cartonnées.

Se partager la somme de façon équitable.

62 Droites parallèles

Activité : Prolonger des droites. Prendre un écartement.

Construire les tables de 8 et de 9.
Compter de 8 en 8 à partir de 16 ;
de 9 en 9 à partir de 18.

1 Recherche

Écartement : MN = ... = ...

Les droites d et e sont-elles parallèles ? ....

2 Une des droites n'est pas parallèle à la droite rouge.

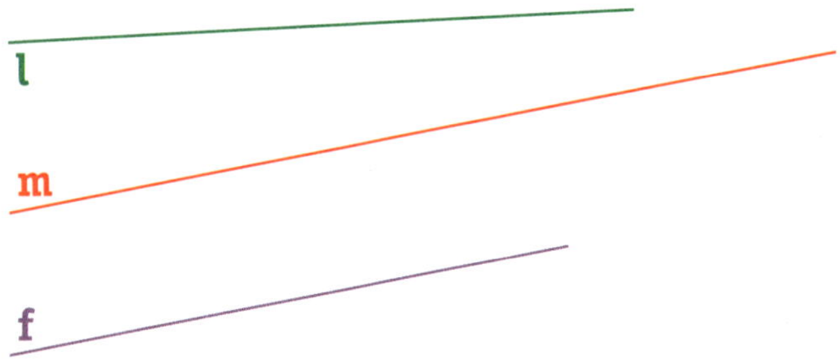

Laquelle ? ....

Explique pourquoi.

....

....

....

3 Dans ce réseau de droites, **colorie** de la même couleur les droites qui sont parallèles entre elles.

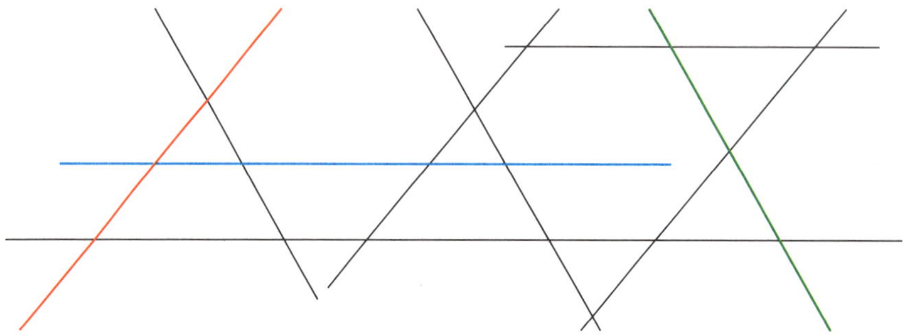

Calculer le double d'une somme < 100 sans retenue.
Lise prend deux cartes et doit calculer le double des points obtenus.
Quel est le double si elle prend « 30 » et « 4 » ?

4 À main levée, **trace** d'autres droites parallèles à la droite rouge.

5 Dans ces trois figures, **repère** les côtés qui sont parallèles.

Le côté AB est parallèle au côté ....

Le côté BC est parallèle au côté ....

Le côté CD est parallèle au côté ....

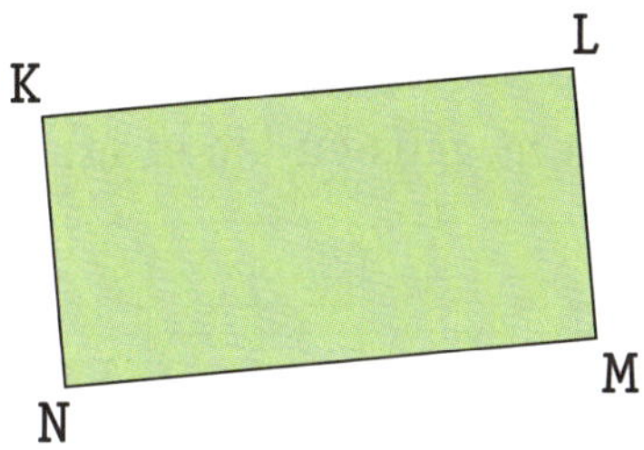

côtés parallèles

KL et ....

KN et ....

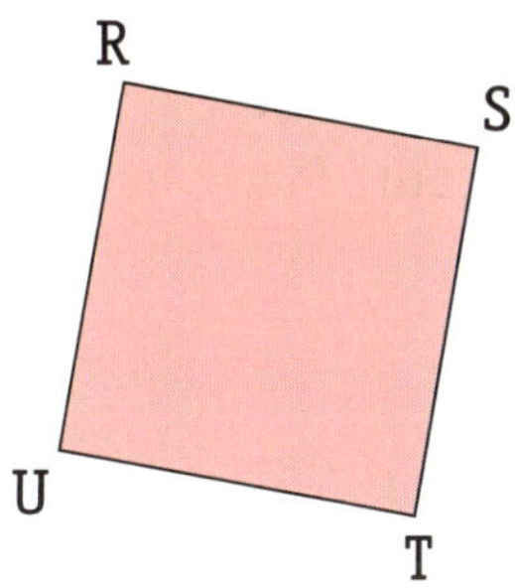

côtés parallèles

.... *et* ....

.... *et* ....

Rappel

Complète la phrase.

Les droites d et f sont

....

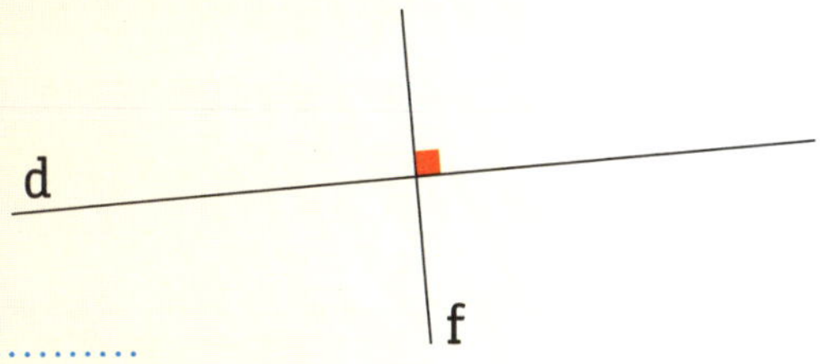

la petite question

Quel segment n'est pas parallèle aux autres ?
Entoure-le.

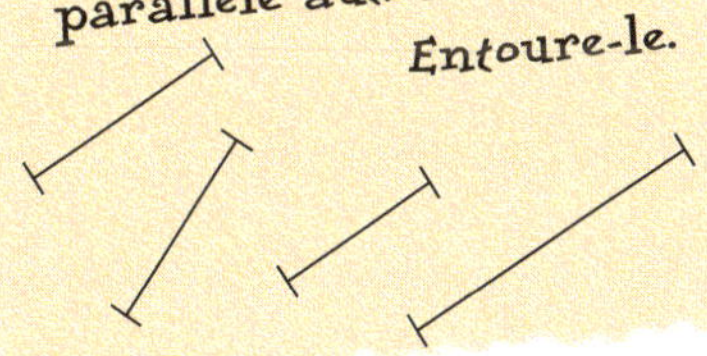

Mémo

Deux droites **parallèles** ont toujours le même écartement.
MN = OP

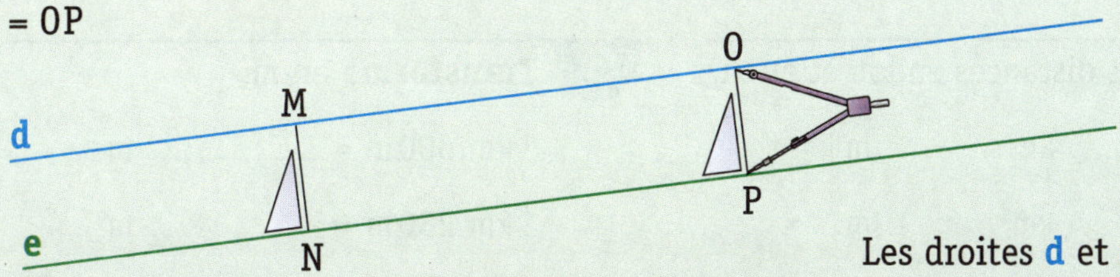

Les droites **d** et **e** sont parallèles.

période 5

63 Distances en km

Activité : Repérer 1 km sur le terrain. Estimer des distances ; vérifier sur la carte.

Calculer le double d'un nombre < 50 sans retenue.
11, 13...

1 Recherche

Observe et **réponds** aux questions.

1 000 m = 1 km
1 140 m = 1 km 140 m

Tous les lundis, Marie passe chercher Aïcha pour aller à l'école.
Elles rentrent ensemble le soir.
Quelle distance parcourt Marie pendant la journée le lundi ? (en m, puis en km et m)

Tous les mardis, Marie passe chercher Dimitri. Ils rentrent ensemble le soir.
Quelle distance parcourt Marie pendant la journée le mardi ? (en m, puis en km et m)

Quel est la distance la plus longue pour Marie ? lundi ou mardi ? ....

Quelle est la différence de longueur entre ces deux distances ? ....

2 **Transforme** les distances en km et en m.

2 700 m = ... km .... m

1 385 m = ... km .... m

6 430 m = ... km .... m

3 **Transforme** en m.

1 km 600 m = ... m

3 km 280 m = ... m

4 km 750 m = ... m

Calculer une durée.
Alex a rendez-vous à 9 h 15 chez un ami.
Combien de minutes de retard aura-t-il s'il arrive à 9 h 20 ?

4 Le marathon est une course d'endurance de 42 km 195 m. Un coureur abandonne après 30 km de course. Quelle distance lui restait-il à parcourir ?

....

5 **Calcule** la longueur de ce circuit de randonnée pédestre.

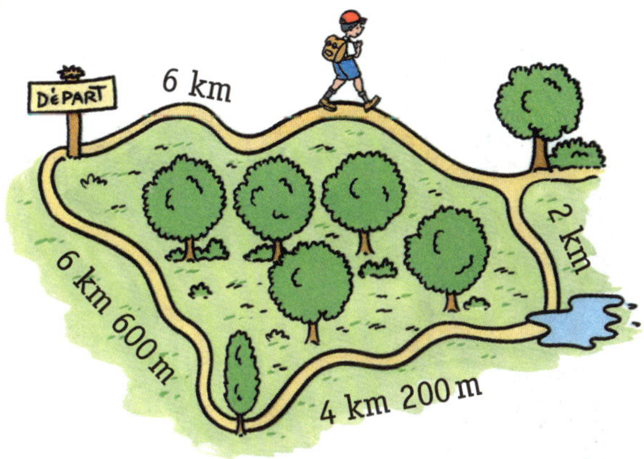

6 Marc a fait ce circuit à vélo. Il a parcouru 14 km 700 m.
Quelle est la distance entre les points D et A ?

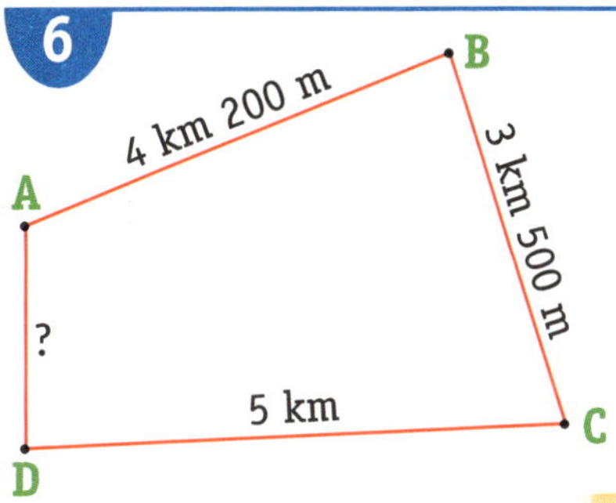

Rappel

Calcule le périmètre de ces figures.

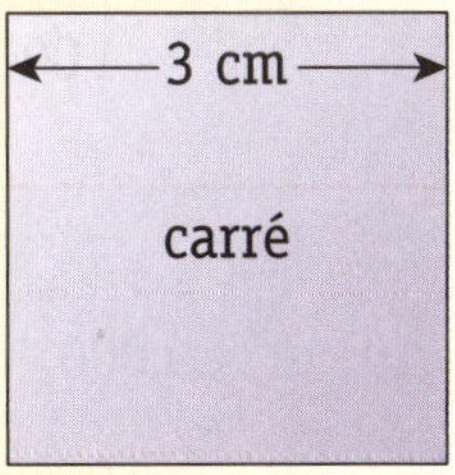

périmètre : ....

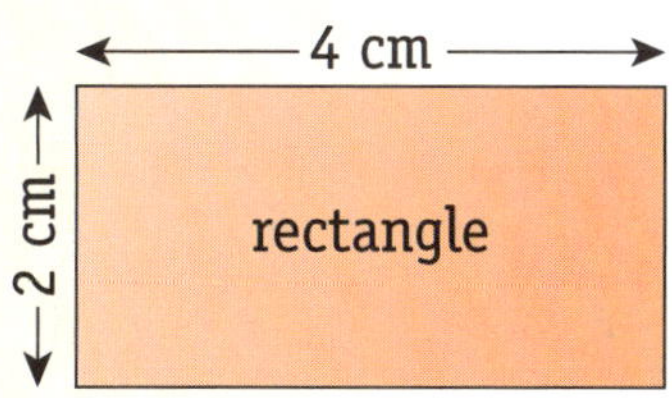

périmètre : ....

la petite question

Paul habite à un demi-kilomètre de l'école et Louis à un kilomètre et demi.
Qui est le plus près de l'école ?

....

Mémo

Les distances entre deux villes sont exprimées en **kilomètres**.

1 km = 1 000 m

64 Calculs

Activité : Résoudre une situation de proportionnalité.

Ajouter 12, 14, 16, 18 à une dizaine.
20 + 12 ; 40 + 16…

1 Recherche

Un avion parcourt une distance de 1 000 km en une heure.
L'avion vole toujours à la même vitesse.

Écris la distance parcourue.

en 2 h : ....

en 3 h : ....

en 4 h : ....

en une demi-heure :

....

en un quart d'heure :

....

Quel temps faudra-t-il à l'avion pour parcourir 1 500 km ? ....

2 **Complète** les égalités.

800 + ... = 1 000	980 + ... = 1 000	999 + ... = 1 000
300 + ... = 1 000	950 + ... = 1 000	998 + ... = 1 000
900 + ... = 1 000	930 + ... = 1 000	991 + ... = 1 000

3 **Compare** en utilisant les signes > ou <.

510 + 600 .... 1 000	135 x 10 .... 1 000
89 x 10 .... 1 000	970 – 345 .... 1 000
2 000 – 180 .... 1 000	2 000 – 1 520 .... 1 000

4 **Calcule** en ligne.

3 512 + 4 316 = ...	53 x 6 = ...	613 x 3 = ...
5 875 + 1 042 = ...	79 x 5 = ...	1 405 x 4 = ...

Calculer le double d'une somme < 50 avec retenue.
Enzo prend deux cartes et doit calculer le double des points obtenus. Quel est le double s'il prend « 10 » et « 6 » ?

5 **Écris** le nombre qui manque.

2 099	....	2 101
4 108	4 109	....

....	3 400	3 401
8 998	....	9 000

6 **Pose** et **effectue**.

1 375 + 786 + 2 329   5 841 − 698   176 × 6   204 × 16

	1	3	7	5
+				
+				

7

Dans une course cycliste contre la montre, les participants partent un par un toutes les 3 minutes. Le départ du premier coureur est donné à 14 heures.
Complète le tableau des départs.

1er coureur	2e coureur	3e coureur	4e coureur	5e coureur
14 h 00	14 h 03 min	....	....	....

Quel coureur partira à 14 h 18 min ? ....

Rappel

Indique les unités qui conviennent.

Ton poids : 32 .....   Ta taille : 1 ..... 35 .....

Le prix d'un CD : 16 .....   La longueur du mur : 8 .....

La durée d'une récréation : 15 ....

la petite question

Le soleil se couche.

Quelle heure est-il ? ....

Activité

Par deux.

Prends deux dés. **Effectue** 30 lancers.
Calcule chaque fois la somme obtenue.
Relève le nombre de fois que chaque somme apparaît.
Construis un diagramme en bâtons.

65 Étendues

Activité : Constater que des figures non superposables peuvent avoir la même étendue.

Calculer le double d'un nombre < 50 avec retenue.
16, 18…

1 Recherche

Décalque ces quatre rectangles.
Par superposition, **compare** leurs étendues.

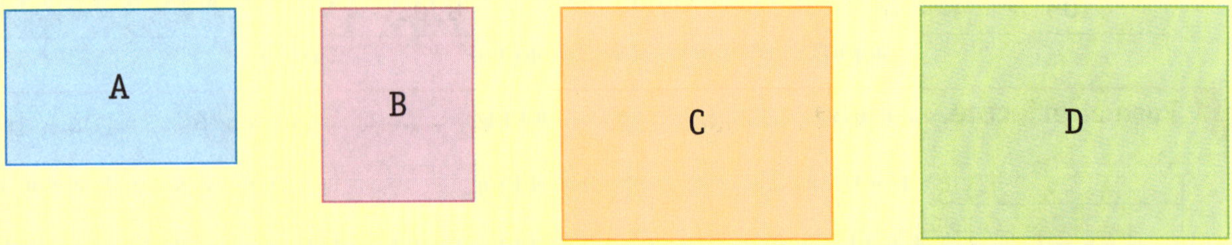

Complète les phrases.

La plus petite étendue est celle du rectangle ....

La plus grande étendue est ....

Range les étendues dans l'ordre croissant.

....

Trace un rectangle R qui aura une étendue plus petite que l'étendue du rectangle B.

Trace un rectangle S qui aura une étendue plus grande que l'étendue du rectangle D.

2 **Classe** ces figures suivant leur étendue.

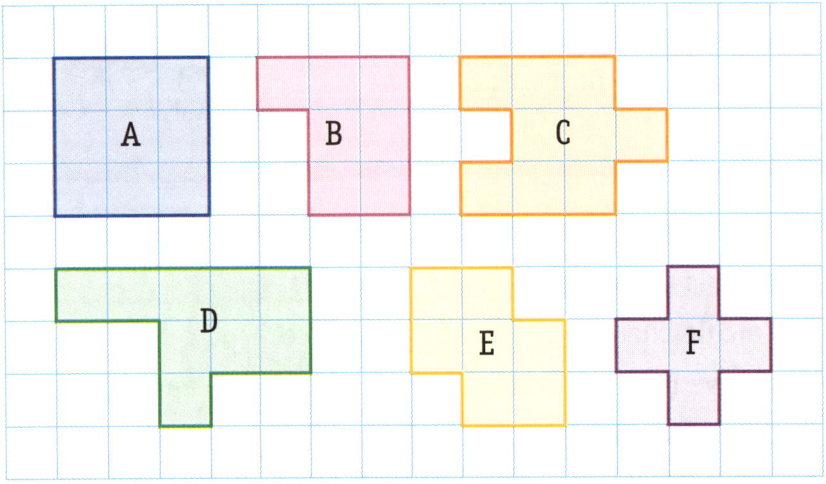

étendue de 5 carreaux :

....

étendue de 7 carreaux :

....

étendue de 9 carreaux :

....

Ajouter une durée.
Une consultation chez le médecin dure un quart d'heure (15 min).
À quelle heure se termine la consultation si elle débute à 17 h 15 ?

3

Combien a-t-il fallu de carreaux rouges pour recouvrir ce rectangle ?

carreau

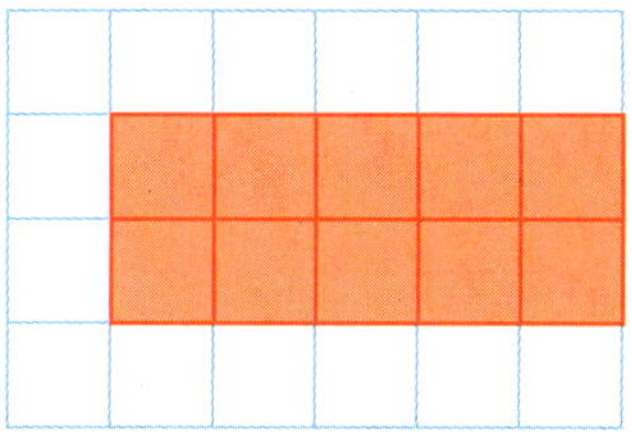

Il a fallu .... carreaux.

Combien a-t-il fallu de demi-carreaux verts pour recouvrir cette bande ?

demi-carreau

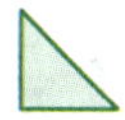

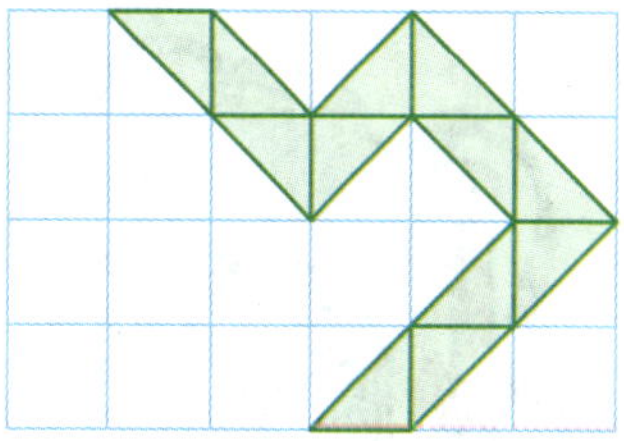

Il a fallu .... demi-carreaux.

4

Calcule la mesure de l'étendue de ces figures en prenant le carreau comme unité.

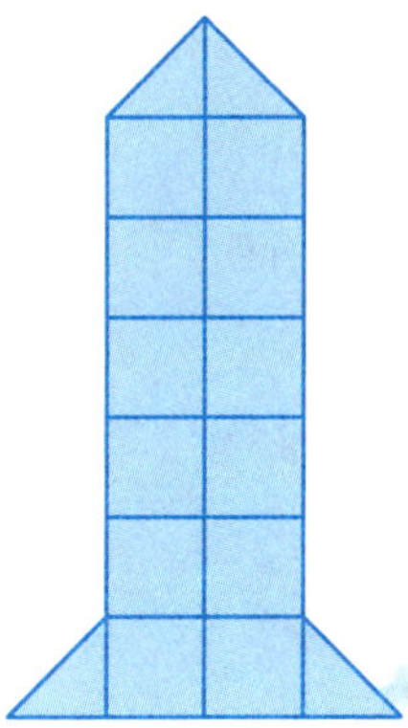

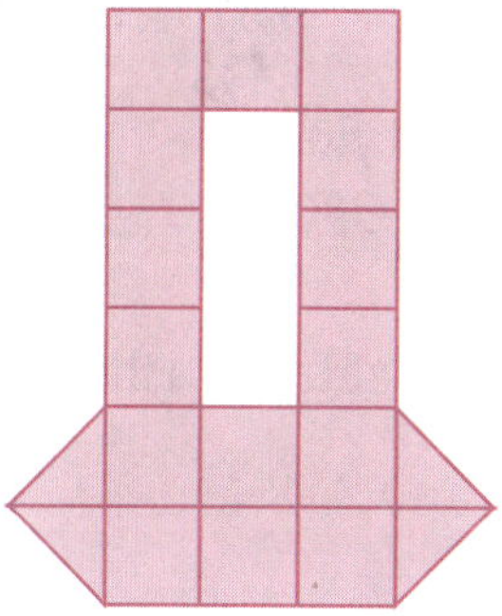

.... carreaux .... carreaux .... carreaux

Rappel

Transforme en mètres.

1 km = 1 000 m
2 km = ...
6 km = ...
8 km = ...

2 km 150 m = ... m
4 km 800 m = ...
1 km 160 m = ...
5 km 300 m = ...

la petite question

Combien de quarts du disque sont coloriés ?

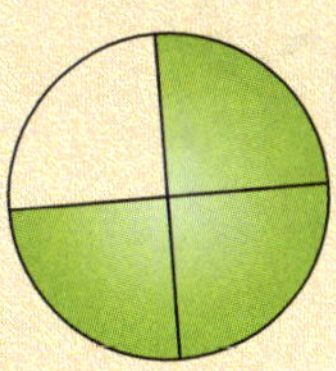

.... quarts

Activité +

Reproduis ces trois figures. **Montre** par découpage qu'elles ont la même étendue.

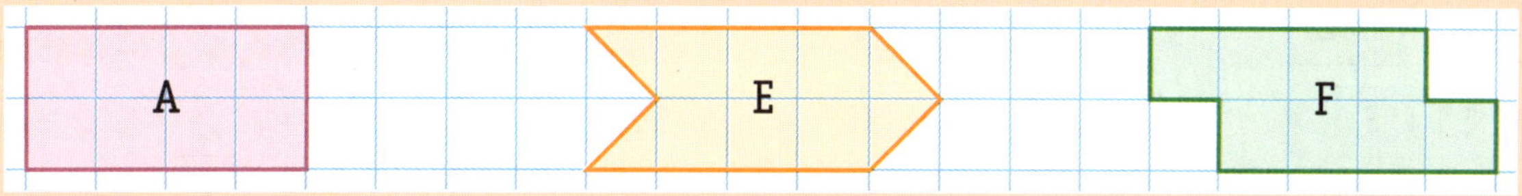

66 Situer un nombre

Activité : Situer un nombre par rapport à des dizaines, des centaines.

Ajouter des milliers entre eux.
2000 + 2000 ; 6000 + 3000...

1 Recherche

Observe le prix de chaque objet et **complète** les phrases.

Cartable
43 € 80

Appareil photo 152 €

Stylo
2 € 90

Jeu 29 €

Livre 9 €

Il coûte environ 150 €,
c'est ....

Il coûte environ 30 €,
c'est ....

Il coûte environ 10 €,
c'est ....

Il coûte environ 3 €,
c'est ....

Il coûte environ 45 €,
c'est ....

Gaëtan a acheté 3 articles et a payé environ 40 €. Qu'a-t-il acheté ? ....
....

2 **Colorie** « le prix arrondi » pour chaque article.

9 € 10 € 11 €

39 € 90

4 000 € 30 € 40 €

999 €

1 000 € 9 000 € 900 €

3 Pour chaque opération, **entoure** le nombre qui te semble le plus près du résultat. **Calcule** ensuite le résultat.

1 237 + 502	700	1 700	2 000	....
51 x 3	80	1 500	150	....
439 − 238	200	650	100	....

Compléter des milliers à 10 000.
Des coureurs font une course de 10 000 mètres. Quelle distance leur reste-t-il à parcourir quand ils ont couru 2 000 m ? 3 000 m ?...

4 Sous chaque point, **place** le nombre qui convient.

1810 ; 1950 ; 2020 ; 1990 ; 2080 ; 1885 ; 1860

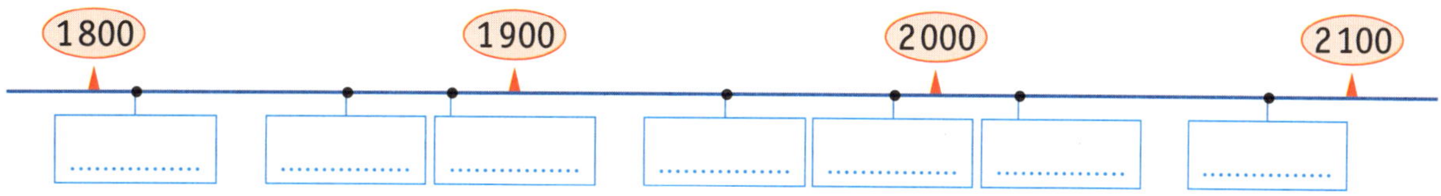

5 **Situe** chaque nombre entre deux centaines.

nombre	centaine inférieure	centaine supérieure	encadrement	centaine la plus proche
571	500	600	500 < 571 < 600	600
824	....	....	....	....
1 285	....	....	....	....
7 429	....	....	....	....

Rappel

Encadre ces distances par les kilomètres les plus proches.

5 km < 5 km 200 m < 6 km

.... < 4 km 800 m < ....

.... < 18 km 600 m < ....

.... < 49 km 500 m < ....

la petite question

C'est toujours le même chiffre.
Quel est ce chiffre ?

```
  . . .
×     .
-------
  4 4 4
```

....

Activité

Dans un catalogue, **trouve** 10 articles qui coûtent moins de 100 €.
Relève leur prix exact puis **arrondis** chacun de ces prix à la dizaine d'euros la plus proche.

1 2 3 4 5 6 7 8 9 10

Colorie quand tu as réussi.

1 **Place** le signe qui convient : >, <, =.

4 899 ……… 4 908

2 On veut transformer 3 m 9 cm en cm. **Entoure** la transformation exacte.

390 cm   309 cm

3 M. Martin achète une paire de chaussures 49 € et un pantalon 45 €. **Entoure** le billet qu'il va donner pour payer.

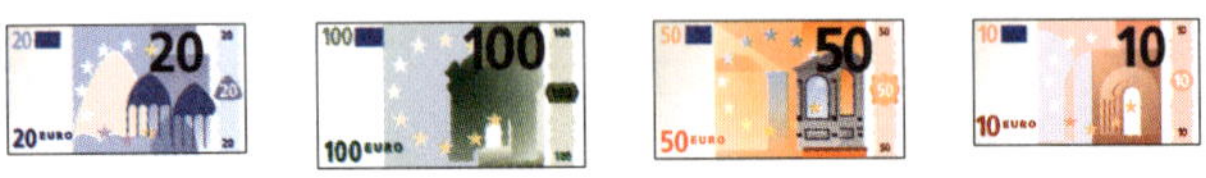

4 Dans un paquet de bonbons, il y a 20 bonbons. **Barre** ce qui est faux.

Dans 4 paquets : 80 bonbons.

Dans 6 paquets : 120 bonbons.

Dans 3 paquets : 90 bonbons.

5 Dans une assiette, il y a 24 gâteaux. Chaque enfant prend 4 gâteaux et l'assiette est vide. Combien y a-t-il d'enfants autour de la table ?

Entoure.   45   5   6

6 Une jardinerie a vendu à un client 25 plants de rosiers à 8 € chacun. Combien le client a-t-il payé ? **Entoure** la réponse exacte.

17 €   200 €   33 €

7 Pour se rendre à l'école, Coline doit marcher 1 km 100 m et Chloé 900 m. Quelle est la différence de longueur entre les deux trajets ? **Entoure.**

100 m   200 m   300 m

8 **Souligne** le nom de ce solide.

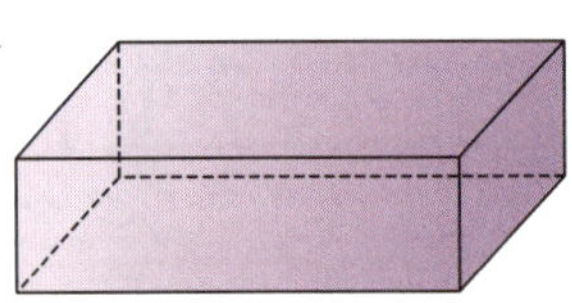

pyramide

ou

parallélépipède rectangle.

9 Laquelle de ces deux surfaces a la plus grande étendue ?

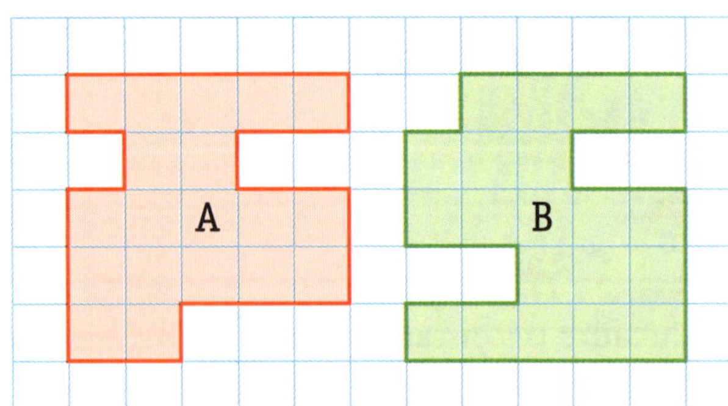

Entoure la réponse exacte.   A   B

10 Quelle est la droite parallèle à la droite d ?

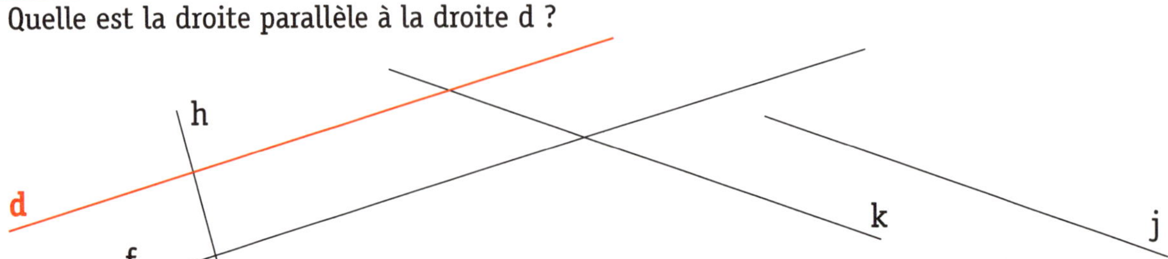

Entoure la réponse exacte.   j   k   h   f

1 **Continue** le tracé de la frise et **colorie. Utilise** ton compas.

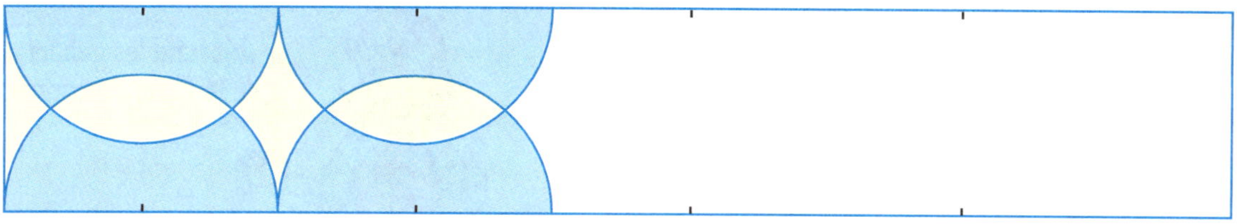

2 Sur le quadrillage, **reproduis** l'éléphant en plus grand.

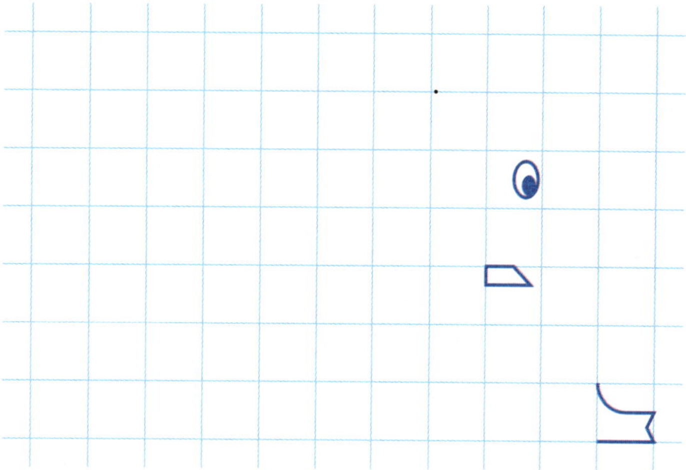

3 **Joins** les points à la règle.

De 524 à 1 724 en avançant de 100 en 100.

De 550 à 200 en reculant de 50 en 50.

De 1 050 à 1 170 en avançant de 20 en 20.

Colorie.

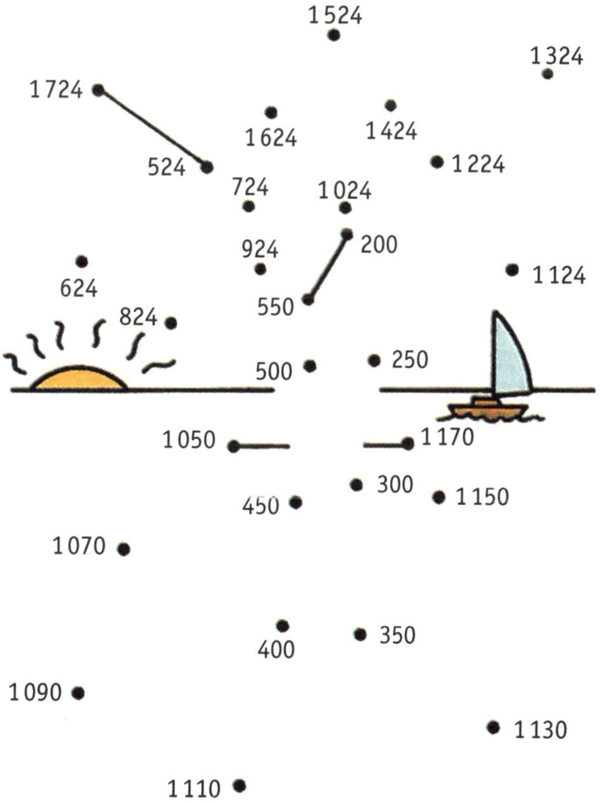

69 Le triangle

Activité : Comparer, classer, ranger des angles.

Calculer la moitié d'une somme.
(20 + 4) ; (20 + 6)...

1 Recherche

Voici 4 triangles.
Écris dans chaque phrase de quel triangle il s'agit.
Pour le retrouver, **utilise** ton compas, ton équerre ou un gabarit.

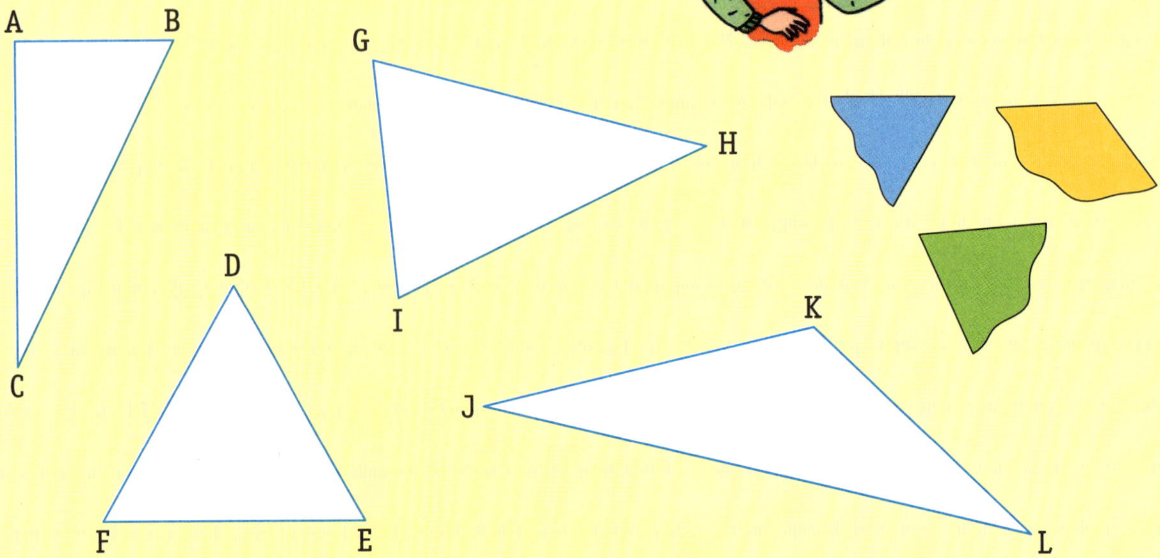

Il a 3 côtés de même longueur : c'est le triangle ....

Il n'a que 2 côtés de même longueur : c'est ....

Il a un angle droit : c'est ....

Il a un angle superposable à l'angle jaune : c'est ....

Il a 2 angles superposables à l'angle vert : c'est ....

Il a 3 angles superposables à l'angle bleu : c'est ....

2 **Termine** le tracé de ce triangle.

L'angle A est égal à l'angle jaune.
Le côté AC mesure 6 cm.

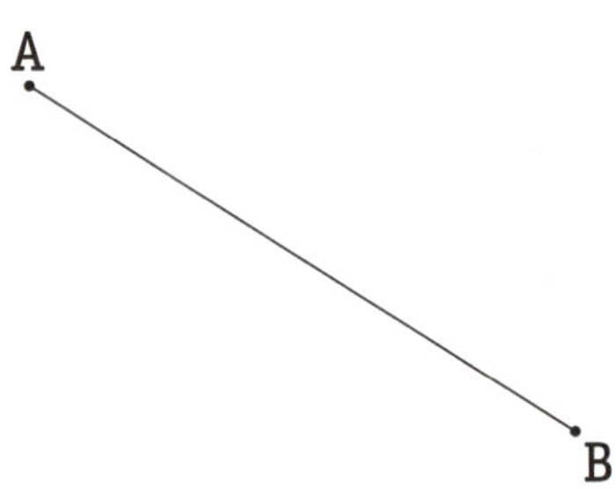

Calculer la moitié d'un nombre pair < 100.
Deux jouets identiques coûtent ensemble 24 €.
Quel est le prix d'un jouet ?

3 **Termine** le tracé du triangle ABC.

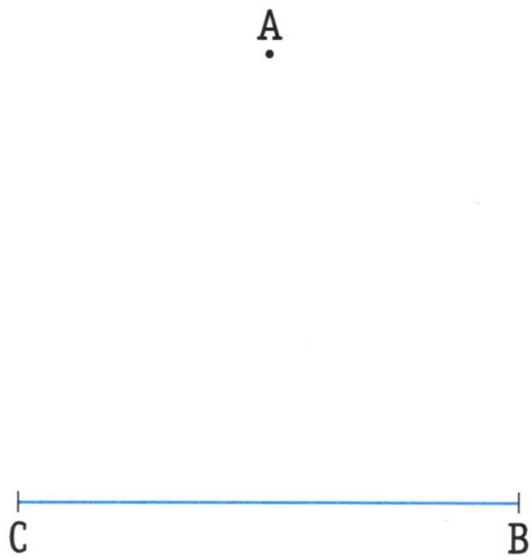

Compare les longueurs des côtés avec un compas. Que remarques-tu ?

....

Compare ses angles avec du papier-calque. Que remarques-tu ?

....

Place le point M, milieu de BC, puis **trace** le segment AM.

Réponds par oui ou par non.
Les triangles ABM et AMC sont-ils superposables ? ....

Ont-ils un angle droit ? ....

4

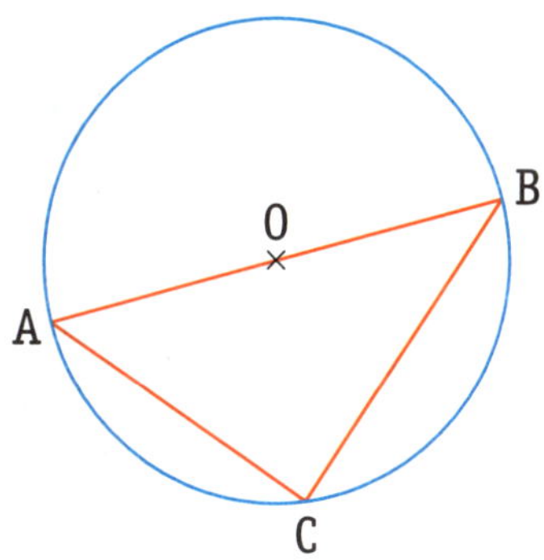

Complète le programme de construction avec les mots : point – triangle – cercle – diamètre.

Trace un .... de centre O.

Trace un .... AB.

Place un .... C sur le cercle.

Trace le .... ABC.

Rappel

Écris le nom de chaque figure.

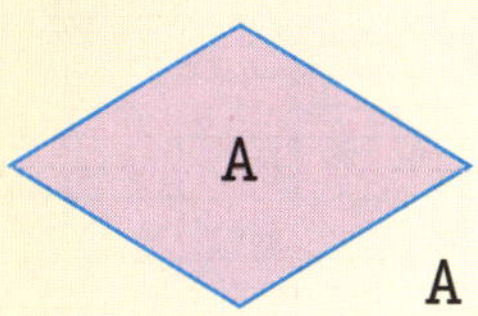

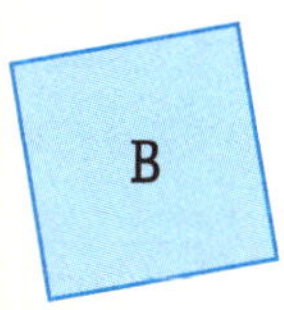

A : .... B : ....

la petite question

Combien peut-on voir de triangles ?

....

Activité +

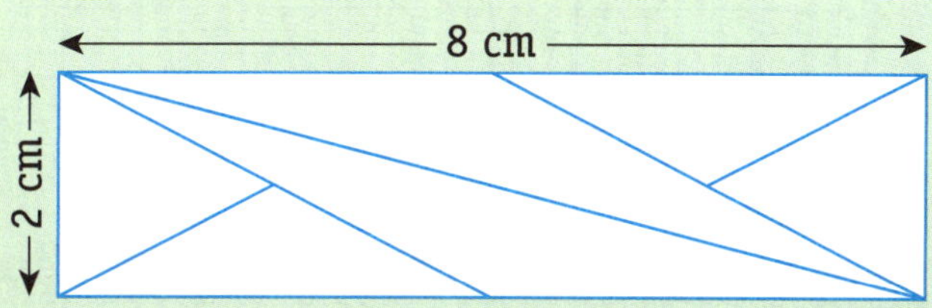

Reproduis cette figure.
Commence par tracer le rectangle.

Colorie de la même couleur les triangles superposables.

70 Vers la division

Activité : Effectuer une division en utilisant une procédure personnelle.

Ajouter des unités, des dizaines, des centaines, des milliers.
2 324 + 2 ; 2 324 + 20…

1 Recherche

Lis le problème. **Observe** les réponses d'Emma, de Hugo et de Marie.

Un marchand a 288 balles en caoutchouc qu'il met dans des boîtes de 50.
Combien va-t-il remplir de boîtes ?

Emma

288	
− 50	→ 1 boîte
238	puis
− 50	→ 1 boîte
188	puis
− 50	→ 1 boîte
138	puis
− 50	→ 1 boîte
88	puis
− 50	→ 1 boîte
38	5 boîtes

Hugo

288	
− 100	→ 2 boîtes
188	puis
− 100	→ 2 boîtes
88	puis
− 50	→ 1 boîte
38	5 boîtes

Marie

288	
− 200	→ 4 boîtes
88	puis
− 50	→ 1 boîte
38	5 boîtes

Trouvent-ils le même résultat ? ....

Qui a la méthode la plus rapide ? ....

Complète : 288 = (50 × ....) + ...
(nombre de boîtes ; reste)

Il va remplir .... boîtes.

Calcule le nombre de boîtes que l'on peut remplir avec 325 balles.

2

Une fabrique de jouets expédie 140 poupées à un magasin. On emballe 40 poupées par carton.

Combien peut-on remplir de cartons ?

Combien y aura-t-il de poupées dans le dernier carton ?

Calculer un écart entre deux nombres à deux chiffres.
Annie a monté 42 marches et Gaëlle 26.
Calcule l'écart entre les deux.

3 **Complète** les produits des tables de multiplication.

24 = 6 fois .... 42 = 7 fois .... 45 = 9 fois ....

36 = 6 fois .... 56 = 7 fois .... 63 = 9 fois ....

4 Dans une bande de papier de 42 cm de long, combien peut-on découper de bandes de 8 cm de longueur ?

42 = (8 x ....) + ...

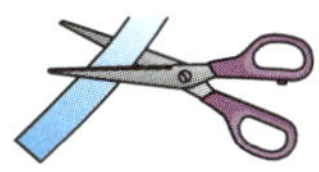

....

5 Lucas a cueilli 24 tulipes et il a fait 3 bouquets identiques. Combien y a-t-il de fleurs dans chaque bouquet ?

....

....

6 Une fermière a 72 œufs à vendre. Elle peut les mettre soit dans des boîtes de 10 œufs, soit dans des boîtes de 12 œufs.
Quelles boîtes doit-elle prendre pour qu'il ne reste aucun œuf ?
Combien remplira-t-elle de boîtes ?

Rappel

Complète le tableau de multiplication.

X	5	7	4	6	3
4	....	....	....	....	....
6	....	....	....	....	....

la petite question

Combien de douzaines d'œufs dans une omelette de 36 œufs ?

....

Activité +

Par deux. Apprendre les tables avec la calculatrice.

Je dis 6 fois 8 et je tape 6 x 8.

Tu écris la réponse. 48

Je vérifie en tapant =

71 Les solides

Activité : Se déplacer entre deux sommets d'un solide en suivant les arêtes.

Ajouter deux nombres à deux chiffres sans retenue.
13 + 13 ; 54 + 23...

1 Recherche

Observe les solides et les patrons.

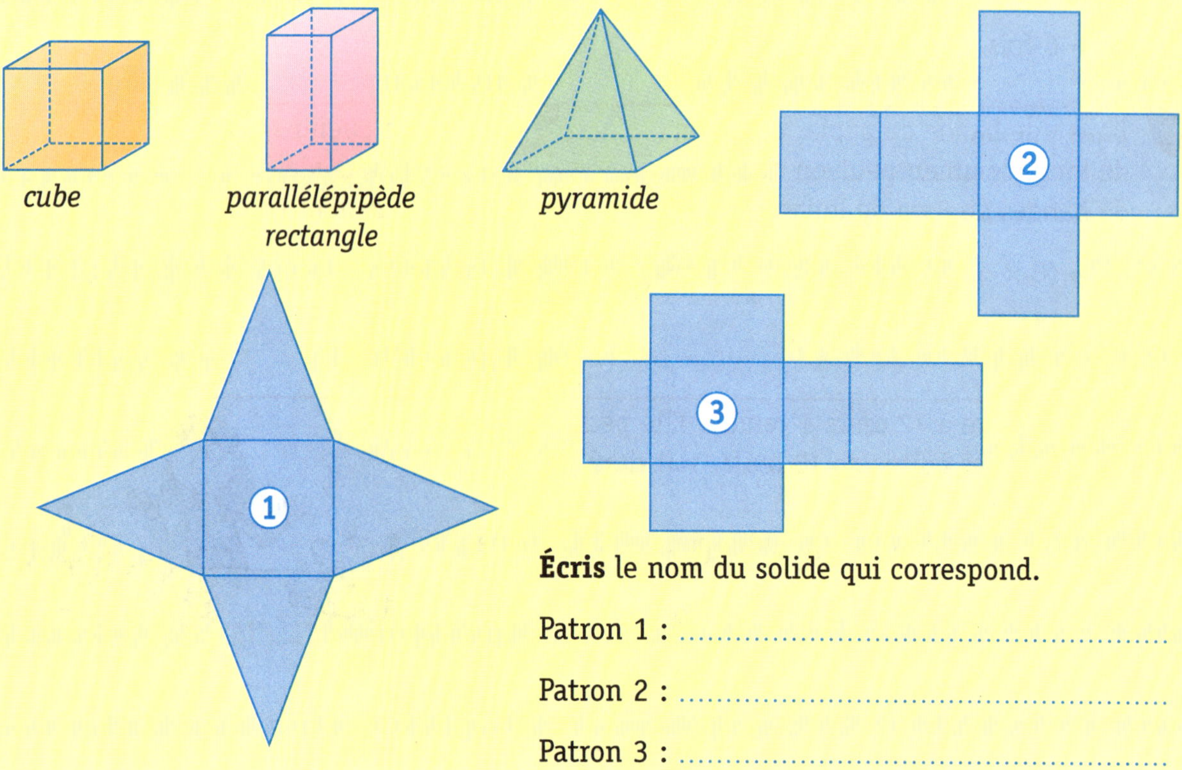

Écris le nom du solide qui correspond.

Patron 1 : ....

Patron 2 : ....

Patron 3 : ....

2

Observe le patron de ce parallélépipède rectangle. **Colorie** de la même couleur les faces qui seront opposées sur le solide.

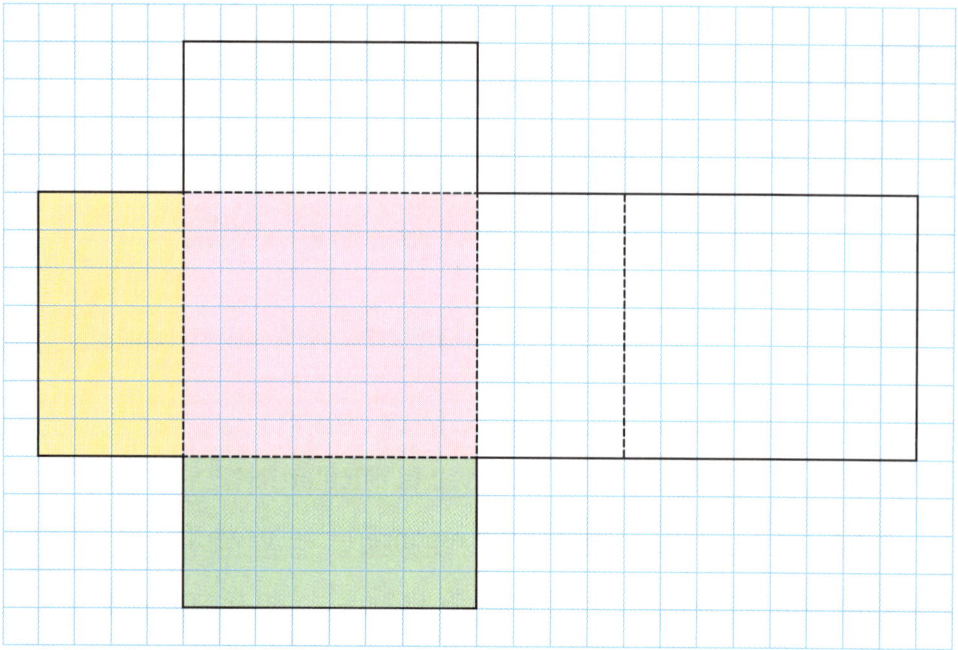

Calculer un écart entre deux nombres à deux chiffres.
Calcule l'écart entre le prix soldé et le prix normal d'un article.
Réveil : prix soldé 47 € ; prix normal 59 €.

3

Deux de ces patrons permettent de réaliser un cube. **Écris** oui ou non. **Vérifie.**

....

....

....

4

Trace la face qui manque à chaque patron. **Vérifie.**

cube

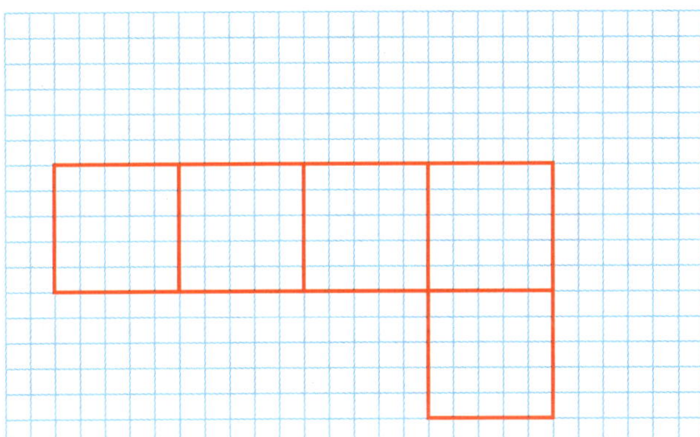

parallélépipède rectangle

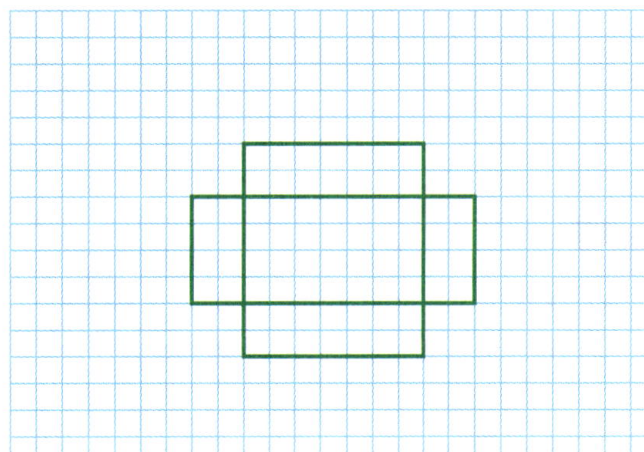

Rappel

Sur ce solide, **repère** les arêtes visibles qui sont parallèles.

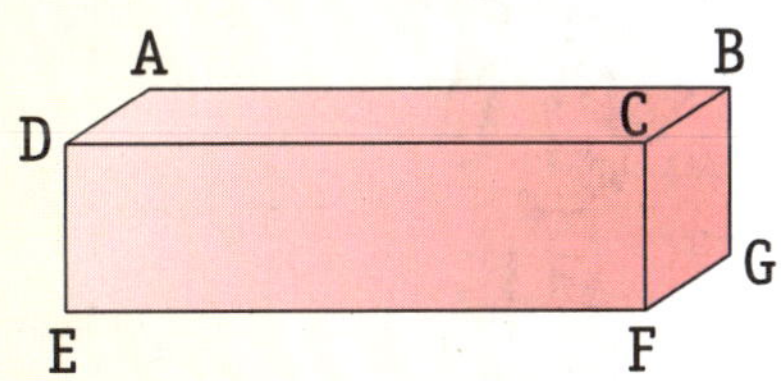

Arêtes parallèles à AB : ....

Arêtes parallèles à DE : ....

Arêtes parallèles à AD : ....

la petite question

Combien de petits cubes dans ce gros cube ?

....

Activité +

Détache les patrons de la fiche cartonnée.
Reconstitue le cube et le parallélépipède rectangle.
Reproduis les mêmes dessins sur les faces qui sont opposées.

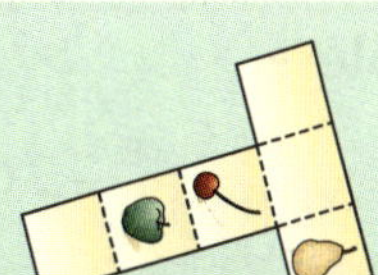

72 Calcul réfléchi

Activité : Calculer le double, le triple, le quadruple d'un nombre.

Ajouter un nombre proche d'une dizaine ou d'une centaine.
43 + 101 = (43 + 100) + 1 ;
43 + 19 = (43 + 20) − 1…

1 Recherche

Calcule le plus rapidement possible en faisant des regroupements.

5 x 13 x 2
10 x 13
130

5 x 20 x 15
.... x ....
....

7 x 25 x 4
.... x ....
....

500 x 17 x 2
.... x ....
....

50 x 9 x 2
.... x ....
....

2 x 25 x 5 x 4
.... x ....
....

2 Matthieu a 20 €.
Cheng a le triple de Matthieu.
Moussa a la moitié de Cheng.

Combien possède Cheng ?

Combien possède Moussa ?

3 Chloé a 15 €.
Aïcha a le triple de Chloé et Sophie a le double d'Aïcha.

Combien possède Aïcha ?

Combien possède Sophie ?

4 **Complète.**

5 x 2 x .... = 40

20 x 5 x .... = 600

50 x 2 x .... = 900

5 x .... x 2 = 120

25 x .... x 4 = 800

250 x 4 x .... = 3000

Ajouter ou enlever des centimètres à 1 mètre.
Ahmed saute 1 m en hauteur. Calcule la hauteur des sauts de ses camarades.
Cathy saute 10 cm de moins ; Maxime 10 cm de plus…

5 **Continue** la suite.

Ajoute 19 — 148 - 167 - .... - .... - .... - ....

6 **Observe** l'exemple. **Continue.**

234 x 5 = (200 x 5) + (30 x 5) + (4 x 5) = ... + ... + ... = ...

473 x 4 = ...

697 x 2 = ...

852 x 3 = ...

7 En début d'année scolaire, le maître avait dans son stock 10 paquets de 25 cahiers. En fin d'année, il lui reste 2 paquets. Combien de cahiers ont été utilisés ?

8 Sur un camion, on a chargé 18 caisses qui pèsent chacune 200 kg et 10 caisses qui pèsent chacune 125 kg. Quelle est la masse totale du chargement ?

Rappel

Effectue les soustractions.

	7	5	1
−	3	2	4
	.	.	.

	8	0	3
−	1	5	9
	.	.	.

8	4	6	0
−	9	0	5
.	.	.	.

la petite question

Quel est le nombre de morceaux de sucre dans cette boîte ?

....

Activité +

Utilise les cinq étiquettes et les signes +, x, − pour obtenir 3 649.

6 — 100 — 50 — 1 — 6

73 Problèmes

Activité : Associer des mesures à un objet.

Compléter un produit associé aux tables de 6, de 7, de 8 et de 9.
12 égale 6 fois…

1 Recherche

Gaëtan a vidé sa tirelire pour compter la somme qu'il possède.
Il compte d'abord les euros puis les centimes d'euro.

………… €

………… centimes

ou ………… € …………

Écris la somme totale : ………… € …………

2

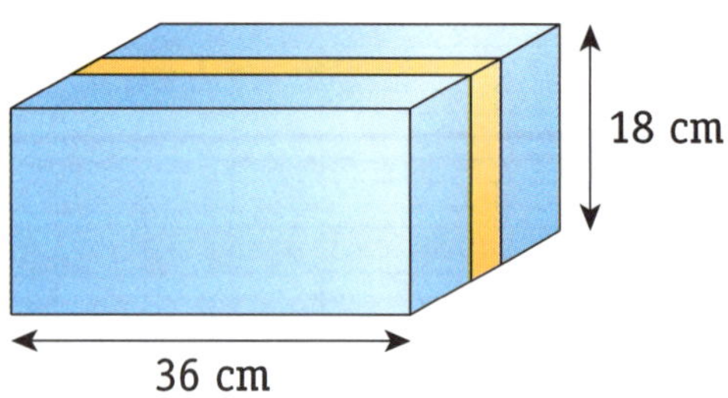

Inès a collé du scotch jaune tout autour de la boîte.

Quelle est la longueur de scotch utilisée ?

……………………………………………………

……………………………………………………

3

Observe cette boîte. **Recopie** ses dimensions.

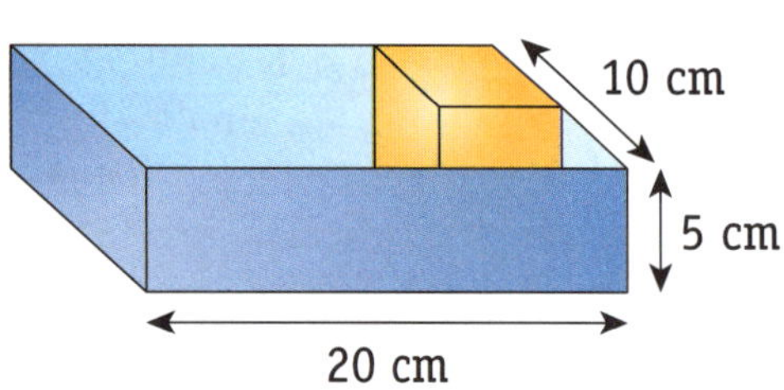

longueur de la boîte :

……………………………

largeur de la boîte :

……………………………

hauteur de la boîte :

……………………………

On veut placer des cubes de 5 cm d'arête à l'intérieur de cette boîte.

Combien y aura-t-il de cubes quand la boîte sera remplie ?

……………………………………………………………………………

Compléter à 1 euro une somme d'argent en centimes.
Un gâteau coûte 1 euro. Combien manque-t-il à chaque enfant pour l'acheter ? Henri a 70 centimes…

4

Un camion vide pèse 3 tonnes (1 tonne = 1 000 kg).
On charge 23 caisses de 100 kg chacune.
Calcule la masse en kg du camion chargé.

……………………………………………

……………………………………………

5 Quatre lionceaux sont nés au zoo.

Pour les peser, le gardien les a mis dans une corbeille. La corbeille vide pèse 500 g.
Retrouve la masse de chaque lionceau.

	masse du lionceau et de la corbeille
Tania	1 kg 900 g
Gina	1 kg 800 g
Gipsy	2 kg 500 g
Roméo	2 kg 200 g

Tania pèse …………………

Gina pèse ………………… Gipsy pèse ………………… Roméo pèse …………………

Rappel

Calcule le périmètre de ce triangle.

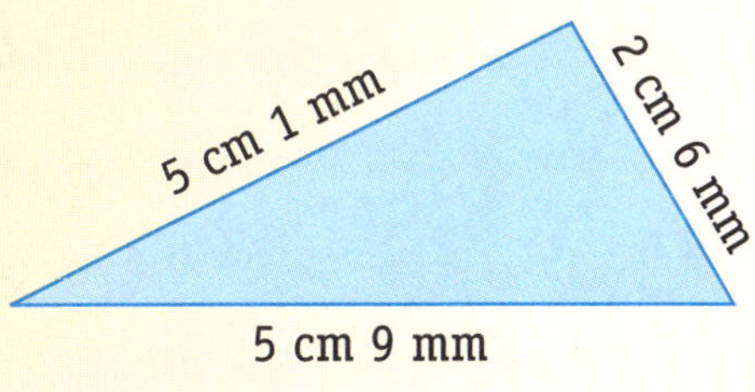

Périmètre :

……………………………

la petite question

Combien y a-t-il d'euros ?

……………

Activité +

Par deux.
Calcule le nombre de gommettes nécessaires pour recouvrir complètement les 6 faces de cette boîte.

74 Lire des documents

Activité : Découvrir une carte routière et sa légende.

Ajouter deux nombres à deux chiffres.
18 + 12 ; 16 + 15…

1 Recherche

Observe le tableau et **réponds** aux questions.

Gares	train n° 5 971	train n° 5 905	train n° 5 973
Paris *départ*	7 h	11 h 15 min	12 h 30 min
Gien		12 h 43 min	
Briare		12 h 51 min	
Nevers	8 h 50 min	13 h 45 min	14 h 30 min
Moulins	9 h 25 min		15 h 05 min
Vichy	9 h 53 min		15 h 31 min
Riom	10 h 16 min		15 h 56 min
Clermont-Ferrand	10 h 28 min		16 h 11 min

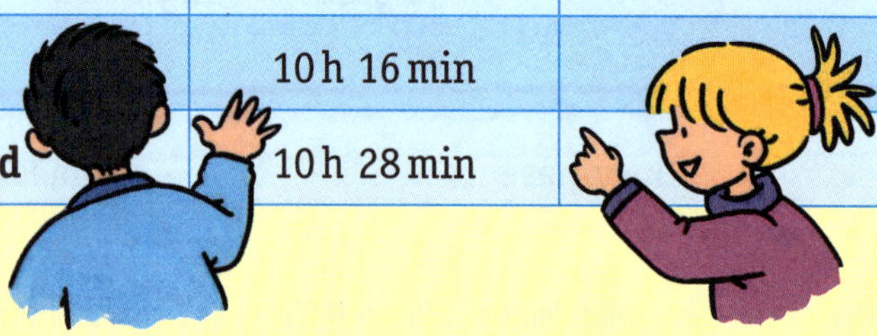

1. À quelle heure le train n° 5 971 part-il de Paris ? ....
2. À quelle heure ce train arrive-t-il à Nevers ? ....
3. Quelle est la durée du voyage Paris-Nevers avec ce train ? ....
4. Quel est le numéro du train qui part de Paris à 12 h 30 min ? ....
5. Le train n° 5 905 vient d'arriver à Nevers avec 5 minutes de retard.
Quelle heure est-il ? ....

6. Le train n° 5 973 est parti de Moulins avec un quart d'heure de retard. À quelle heure est-il parti ? ....
7. Quel est de ces trois trains celui qui fait le trajet Paris-Nevers le plus rapidement ? ....

Compléter à 1 kg une masse en grammes.
Madame Dubois demande 1 kg de raisin au marchand. Quelle masse de raisin doit-il ajouter sur la balance s'il a déjà mis 800 g ?

2 **Observe** cette carte et la légende. **Réponds** à la question.

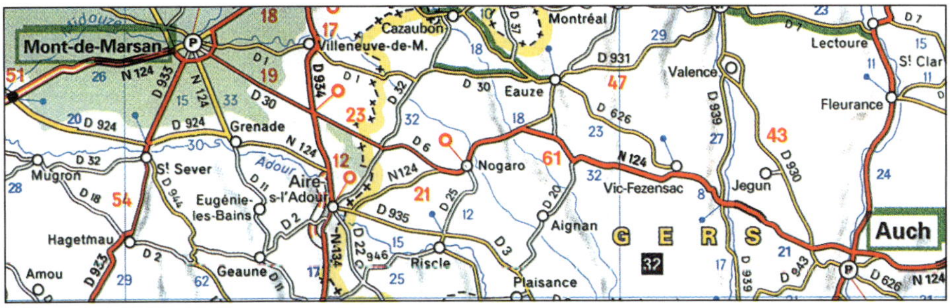

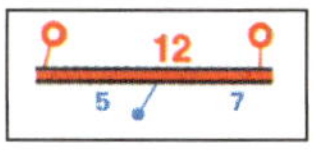

Distances (totalisées ou partielles).

« Carte 721, aut. 0501031, © Michelin et cie, 2004 »

Un automobiliste part de Mont-de-Marsan et se rend à Auch. Il prend la route départementale D 30, passe à Nogaro et emprunte la route nationale N 124.

Quelle distance a-t-il parcourue en km ? ....

3 Voici des monuments de Paris avec leur date de construction.

1889

Tour Eiffel

1836

Arc de Triomphe

1989

Pyramide du Louvre

1718

Palais de l'Élysée

Range ces monuments du plus ancien au plus récent.

1. .... **2.** ....

3. .... **4.** ....

Rappel

Effectue les calculs.

(3 x 1000) + (4 x 100) + (5 x 10) + 7 = ...

(7 x 100) + (5 x 1000) + (10 x 6) = ...

(6 x 10) + (9 x 1000) + 8 = ...

la petite question

Quel âge a la tour Eiffel ?

....

Activité +

Recherche les altitudes de 6 sommets de montagnes françaises.
En indiquant leur nom, leur altitude et la chaîne de montagnes, **range** ces 6 sommets du plus élevé au moins élevé.

75 Bilan 5 numération - problèmes

1 **Calcul mental.** Réviser les opérations.

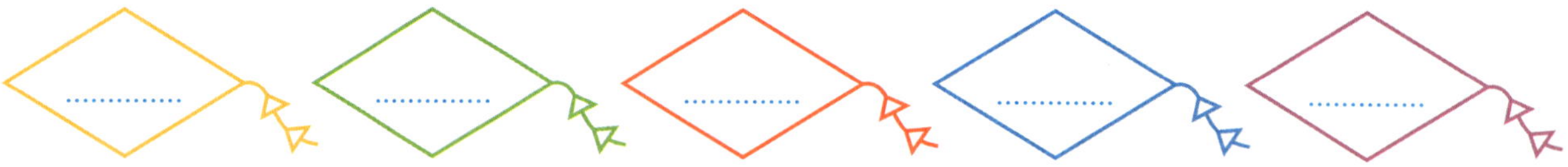

2 **Lis** les phrases. **Colorie** les quatre ballons.

Le ballon de gauche est jaune.

Le ballon de droite est bleu.

Le ballon rouge est à gauche du ballon vert.

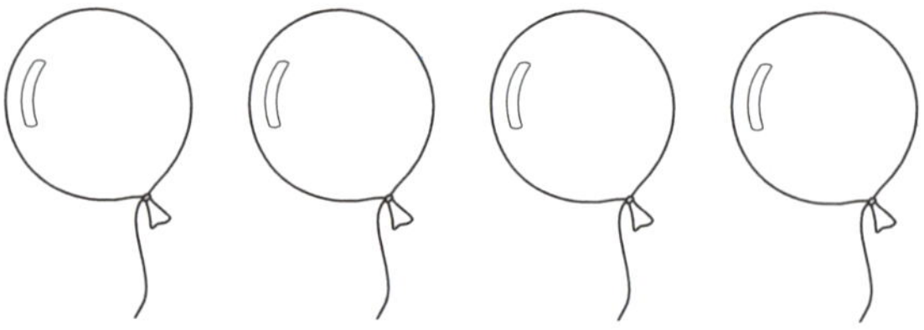

3 Coline part en vacances à la campagne en camping-car. Elle est avec ses parents et son chien. Voici les nombres affichés au compteur kilométrique du camping-car.

Au départ : 7 486 km

À l'arrivée : 7 891 km

Calcule la distance parcourue.

....

4

Coline et ses parents s'installent au camping « La clé des champs ».

Lis la pancarte et **réponds** aux questions.

Combien vont-ils payer pour une journée ?

....

....

Combien paieront-ils s'ils restent 10 jours dans ce camping ?

....

....

5 **Reproduis** le cerf-volant. **Colorie.**

6 **Reproduis** la montgolfière. **Colorie.**

Table de Pythagore

Repère les produits quand tu les connais bien.

x	1	2	3	4	5	6	7	8	9
1	1	2	3	4	5	6	7	8	9
2	2	4	6	8	10	12	14	16	18
3	3	6	9	12	15	18	21	24	27
4	4	8	12	16	20	24	28	32	36
5	5	10	15	20	25	30	35	40	45
6	6	12	18	24	30	36	42	48	54
7	7	14	21	28	35	42	49	56	63
8	8	16	24	32	40	48	56	64	72
9	9	18	27	36	45	54	63	72	81

table de 3

3 fois 1 → 3
3 fois 2 → 6
3 fois 3 → 9
3 fois 4 → 12
3 fois 5 → 15
3 fois 6 → 18
3 fois 7 → 21
3 fois 8 → 24
3 fois 9 → 27

table de 5

table de 4

4 fois 1 → 4
4 fois 2 → 8
4 fois 3 → 12
4 fois 4 → 16
4 fois 5 → 20
4 fois 6 → 24
4 fois 7 → 28
4 fois 8 → 32
4 fois 9 → 36

table de 8

table de 6

6 fois 1 → 6
6 fois 2 → 12
6 fois 3 → 18
6 fois 4 → 24
6 fois 5 → 30
6 fois 6 → 36
6 fois 7 → 42
6 fois 8 → 48
6 fois 9 → 54

table de 7

7 fois 1 → 7
7 fois 2 → 14
7 fois 3 → 21
7 fois 4 → 28
7 fois 5 → 35
7 fois 6 → 42
7 fois 7 → 49
7 fois 8 → 56
7 fois 9 → 63

Conception couverture Domino
Illustration couverture Pierre Caillou
Conception maquette et mise en page Domino
Illustrations Pierre Caillou (pour la numération), Bernard Rommelaere (pour la géométrie, les mesures, les problèmes, les points-étapes, les récréations et les bilans).
Réalisation des schémas Domino

Relecture
Véronique Dussidour

Coordination artistique
Léa Verdun

Coordination éditoriale
Marielle Muret-Baudoin

N° de projet 10114359 - Février 2005
Imprimé en Italie par Canale

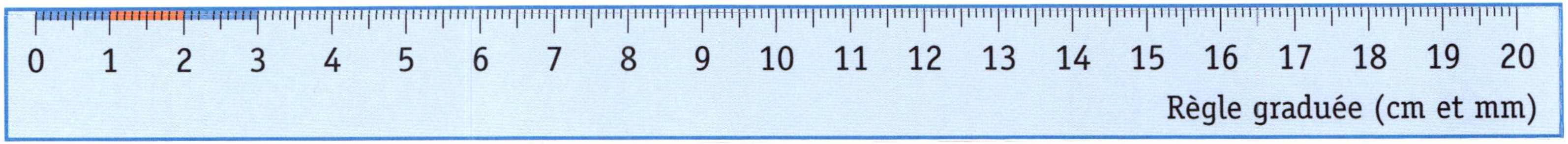
0 1 2 3 4 5 6 7 8 9 10 11 12 13 14 15 16 17 18 19 20
Règle graduée (cm et mm)

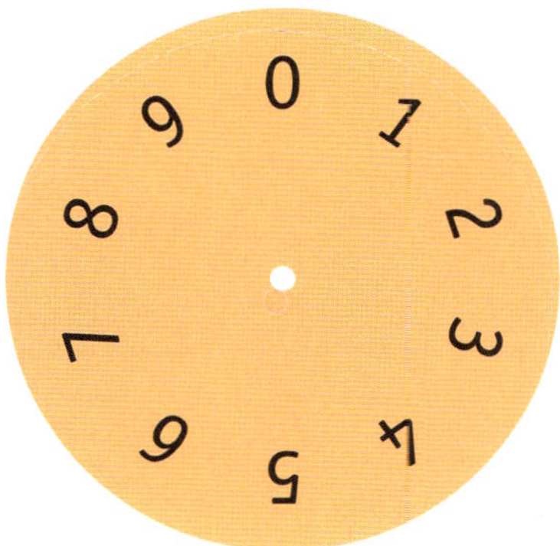
0 1 2 3 4 5 6 7 8 9

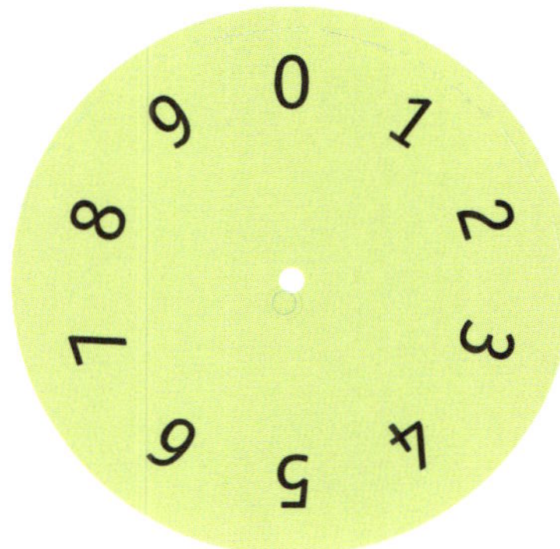
0 1 2 3 4 5 6 7 8 9

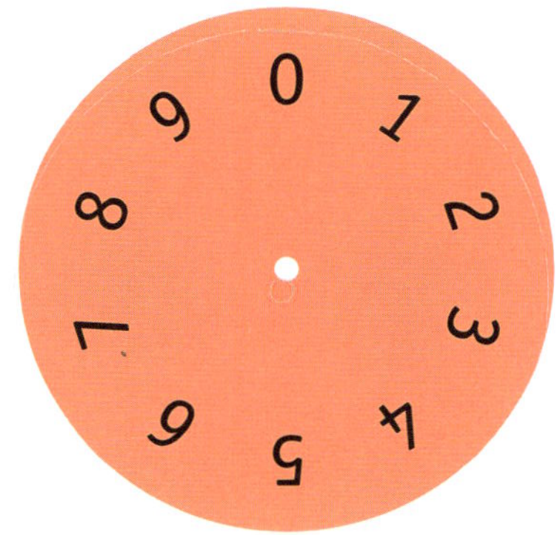
0 1 2 3 4 5 6 7 8 9

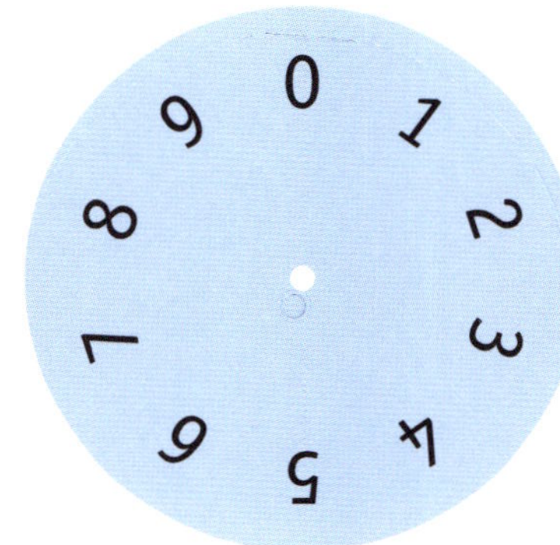
0 1 2 3 4 5 6 7 8 9

m
c
d
u
Compteur

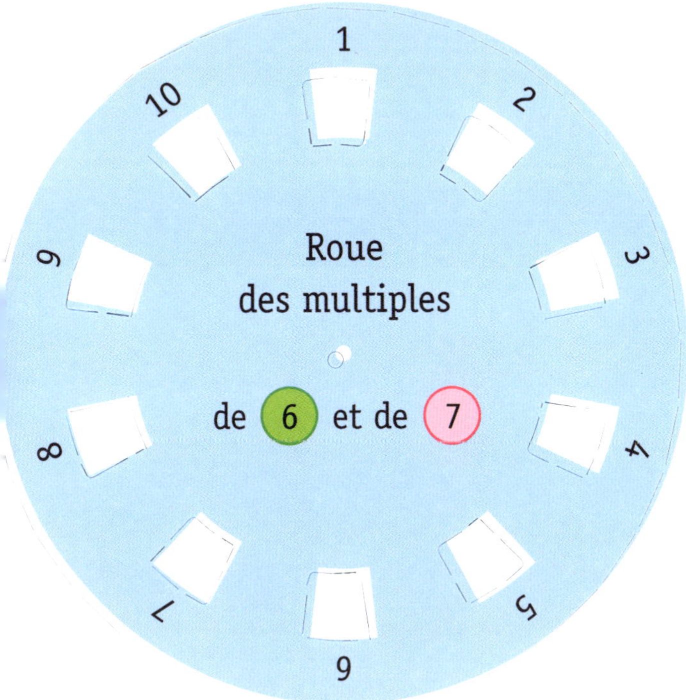

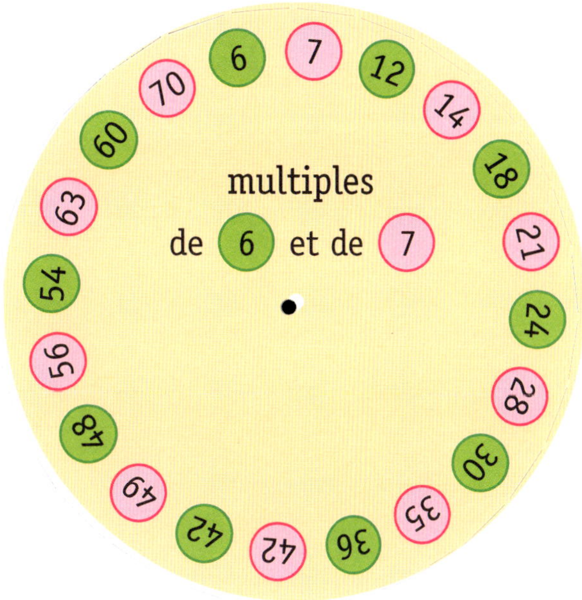

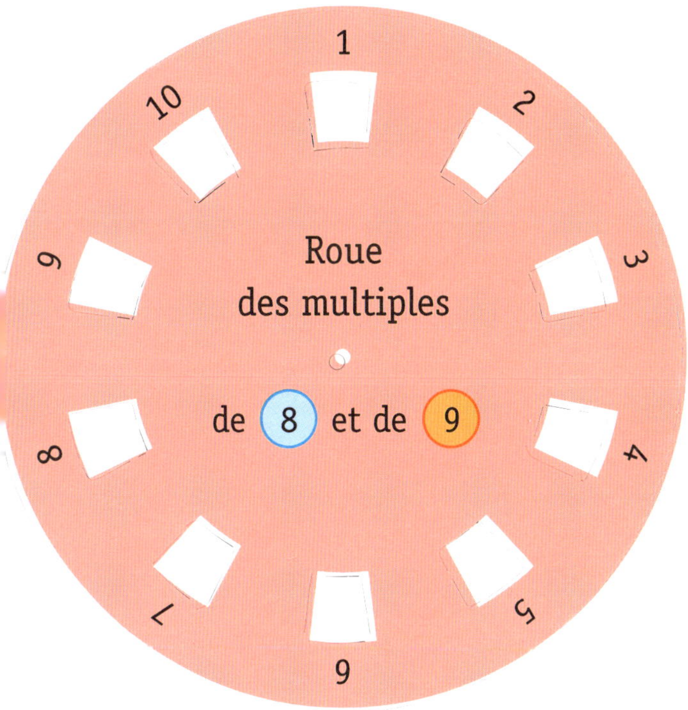

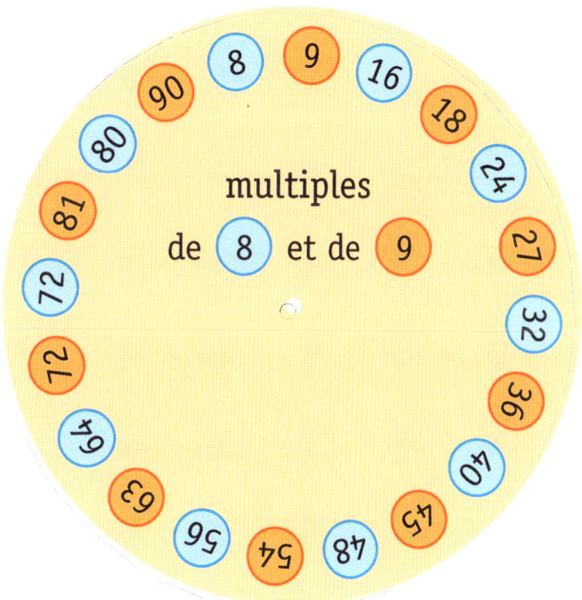

Placer le « disque » multiples sous la « roue ».
Utiliser une attache parisienne.

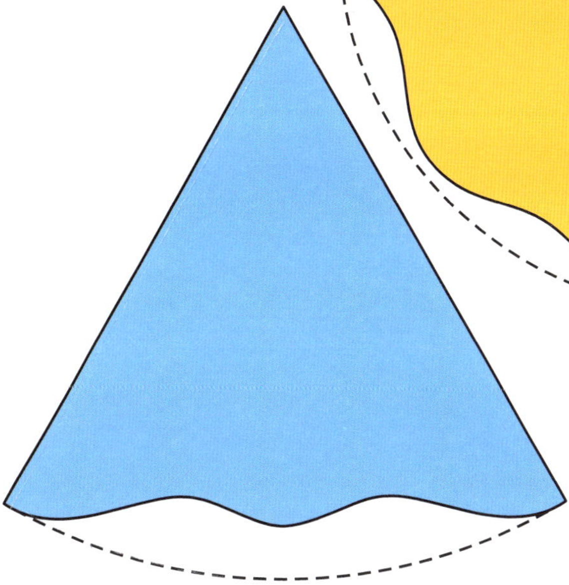

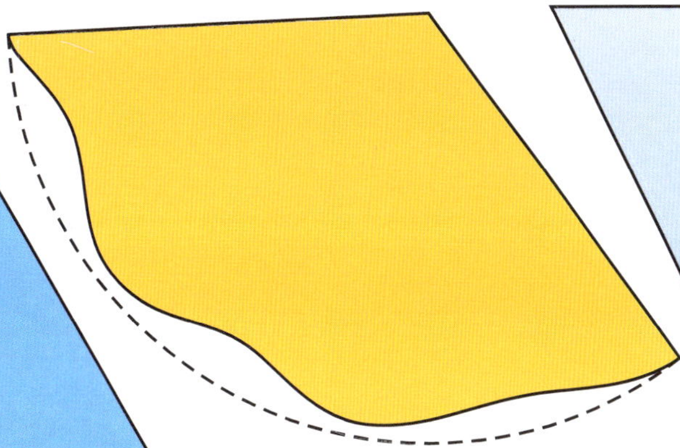

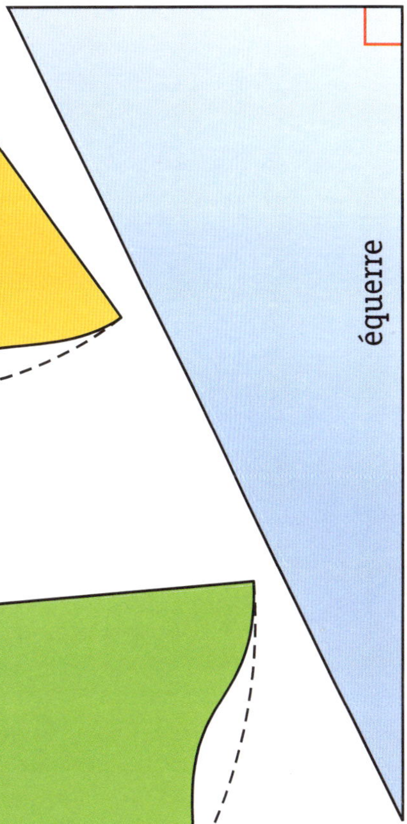

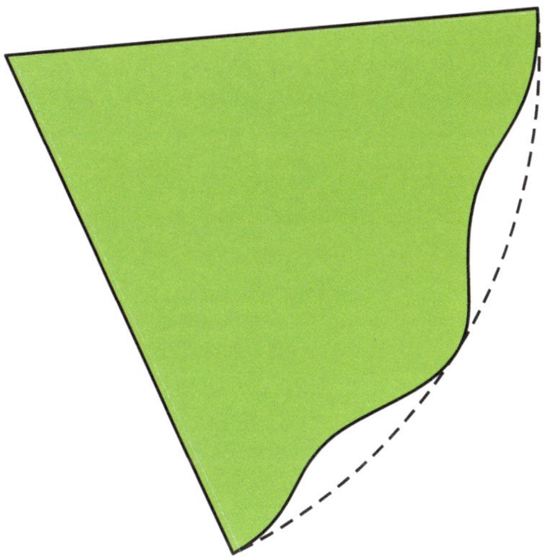

La pendule

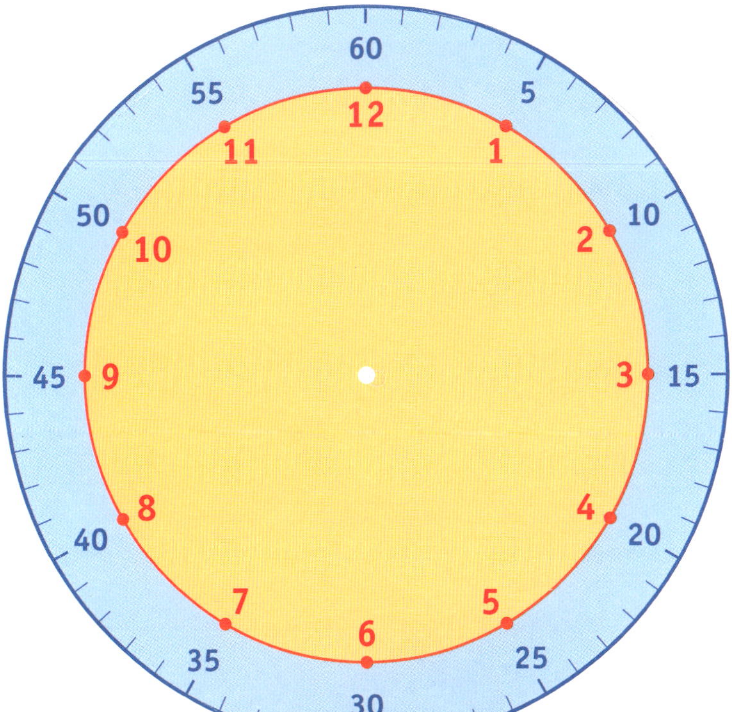

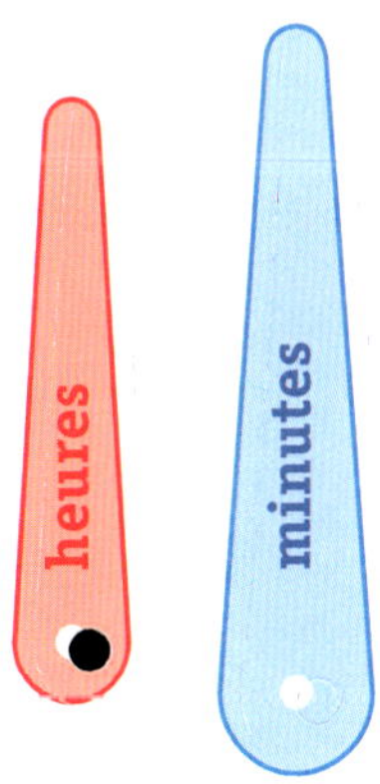

Utiliser une attache
parisienne pour fixer
les aiguilles sur le cadran.

Patrons

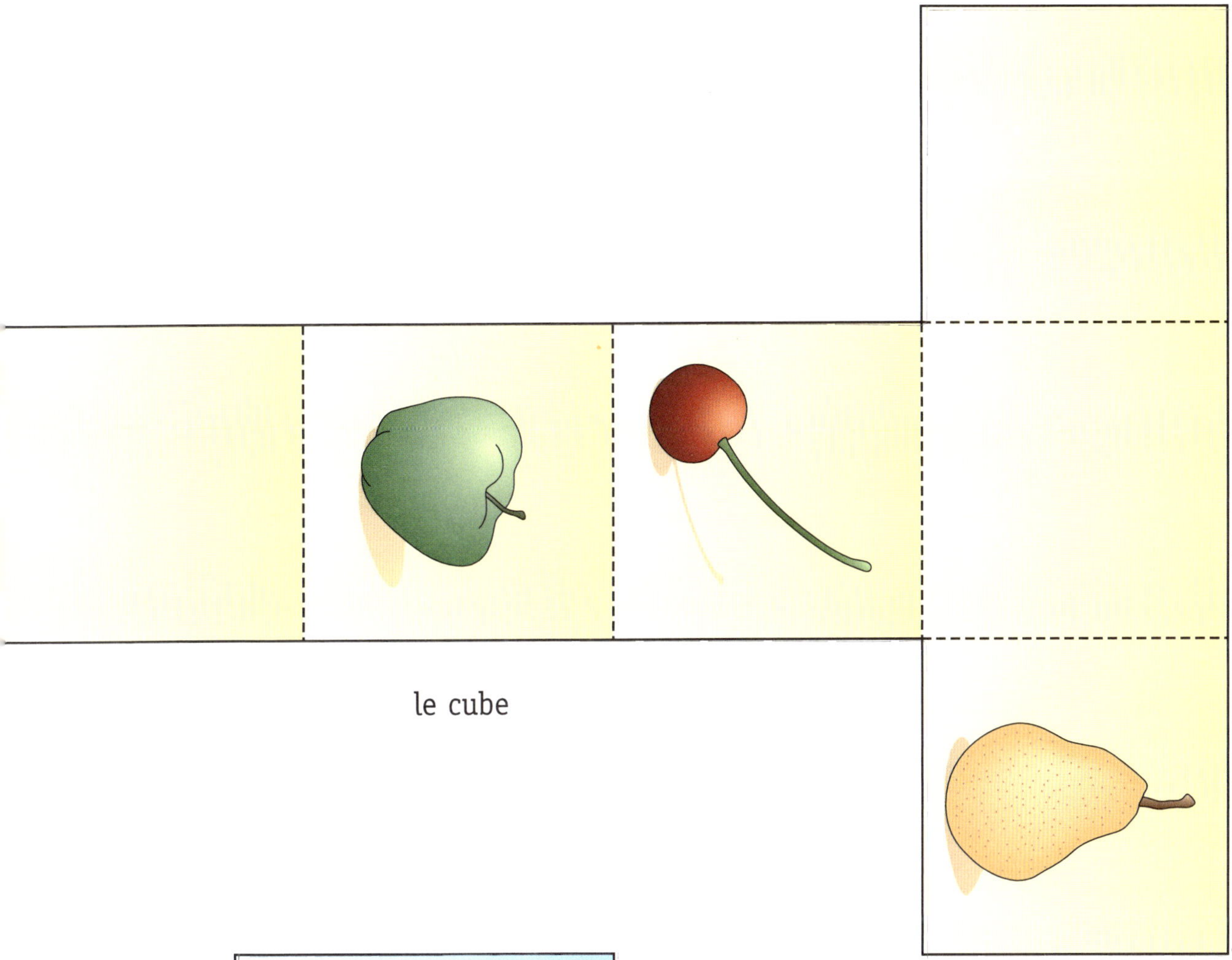

le cube

le parallélépipède
rectangle